# Neuropsicologia e Aprendizagem

Maria Gabriela Ramos Ferreira

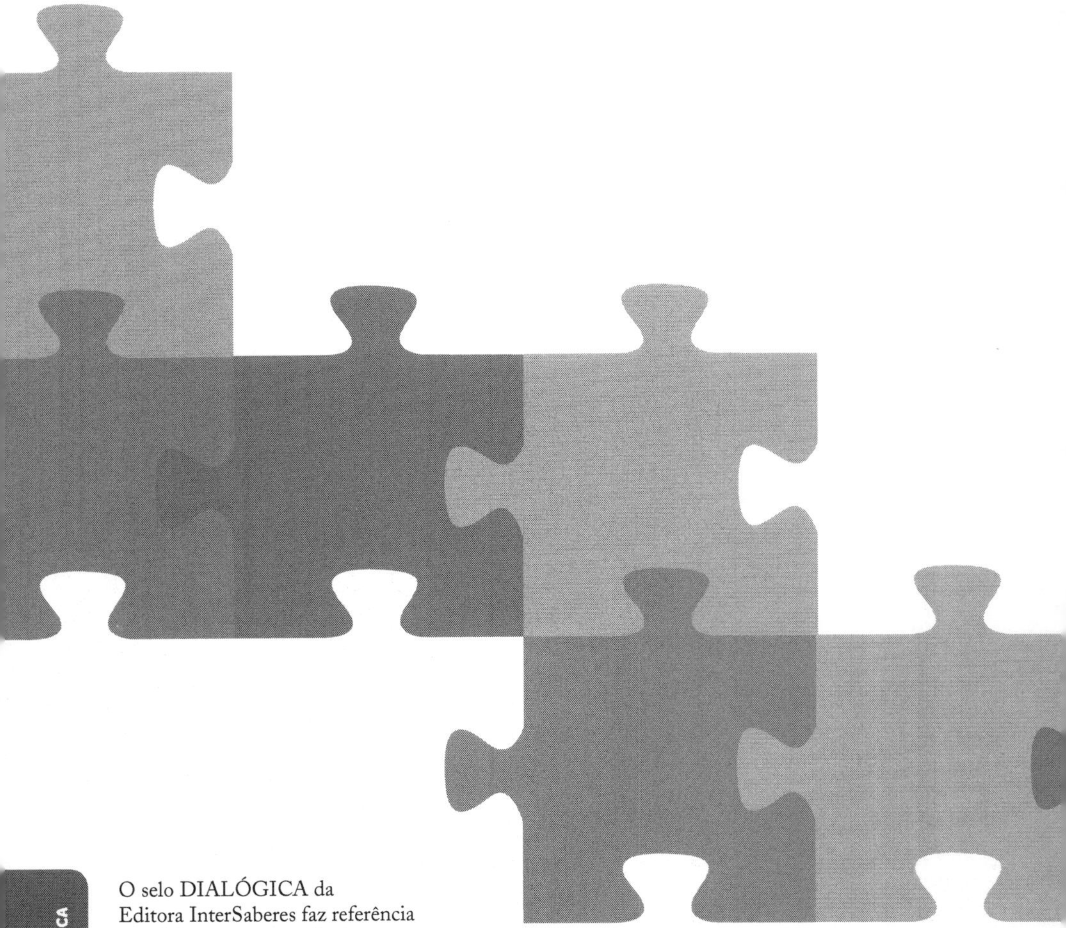

O selo DIALÓGICA da
Editora InterSaberes faz referência
às publicações que privilegiam
uma linguagem na qual o autor dialoga
com o leitor por meio de recursos textuais
e visuais, o que torna o conteúdo muito
mais dinâmico. São livros que criam
um ambiente de interação com o leitor –
seu universo cultural, social e de elaboração
de conhecimentos –, possibilitando
um real processo de interlocução para
que a comunicação se efetive.

# Neuropsicologia e aprendizagem

Maria Gabriela Ramos Ferreira

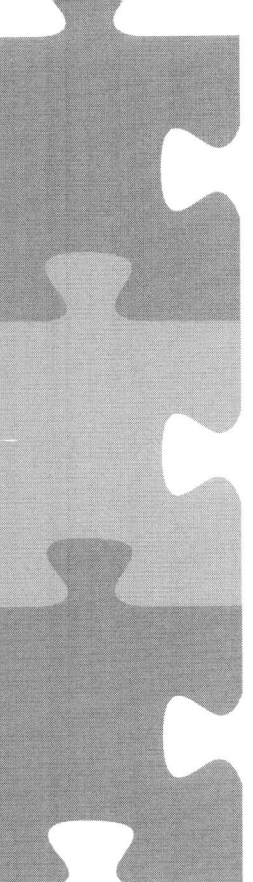

EDITORA
intersaberes

Rua Clara Vendramin, 58 – Mossunguê
CEP 81200-170 – Curitiba – PR – Brasil
Fone: (41) 2106-4170
www.intersaberes.com
editora@editoraintersaberes.com.br

| | |
|---|---|
| Conselho editorial | Dr. Ivo José Both (presidente)<br>Drª Elena Godoy<br>Dr. Nelson Luís Dias<br>Dr. Neri dos Santos<br>Dr. Ulf Gregor Baranow |
| Editora-chefe | Lindsay Azambuja |
| Supervisora editorial | Ariadne Nunes Wenger |
| Analista editorial | Ariel Martins |
| Projeto gráfico | Frederico Santos Burlamaqui |
| Capa | Denis Kaio Tanaami (*design*) |
| Ilustração de capa | Rafael Mox – Estúdio Leite Quente |
| Diagramação | Pessoa&Moraes |

Dados Internacionais de Catalogação na Publicação (CIP)
(Câmara Brasileira do Livro, SP, Brasil)

Ferreira, Maria Gabriela Ramos
   Neuropsicologia e aprendizagem/Maria Gabriela Ramos Ferreira. Curitiba: InterSaberes, 2014.

   ISBN 978-85-443-0004-6

   1. Aprendizagem 2. Neuropsicologia I. Título.

14-04625                                                                          CDD-612.801

Índice para catálogo sistemático:
1. Neuropsicologia 612.801

1ª edição, 2014.
Foi feito o depósito legal.

Informamos que é de inteira responsabilidade da autora a emissão de conceitos.

Nenhuma parte desta publicação poderá ser reproduzida por qualquer meio ou forma sem a prévia autorização da Editora InterSaberes.

A violação dos direitos autorais é crime estabelecido na Lei n. 9.610/1998 e punido pelo art. 184 do Código Penal.

# Sumário

Agradecimentos, 7
Apresentação, 9
Organização didático-pedagógica, 13

## 1 As neurociências, a neuroanatomia e a neuroplasticidade, 17

1.1 Introdução às neurociências, 20 | 1.2 Introdução à neuroanatomia, 31
1.3 Introdução à neuroplasticidade, 69

## 2 A neuropsicologia, 83

2.1 A neuropsicologia infantil, 86 | 2.2 As funções cognitivas, 88
2.3 Os sistemas funcionais de organização cerebral segundo Luria, 91
2.4 A inteligência, 95

## 3 A atenção, 103

3.1 O cérebro e a atenção, 106 | 3.2 Breves considerações sobre o transtorno de déficit de atenção e hiperatividade, 111

## 4 A memória, 125

4.1 As contribuições das pesquisas realizadas com o paciente H.M., 127
4.2 As memórias de curto prazo e de longo prazo, 130
4.3 As memórias declarativa (explícita) e não declarativa (implícita), 132
4.4 As memórias semântica e episódica, 135 | 4.5 Os processos da memória, 136
4.6 A anatomia da memória, 138 | 4.7 É possível melhorar a memória?, 140

## 5 As emoções, 153

5.1 O papel adaptativo das emoções, 157 | 5.2 O aspecto social das emoções, 158
5.3 Emoções primárias e emoções secundárias, 160 | 5.4 Como sentimos e vivenciamos as emoções?, 163 | 5.5 A neurofisiologia das emoções, 165

## 6 A motivação, 175

6.1 O cérebro e a motivação, 186

## 7 A aprendizagem, 195

7.1 O treino expandido, 198 | 7.2 A aprendizagem implícita, 202
7.3 O condicionamento clássico, 202 | 7.4 O *priming*, 204
7.5 A aprendizagem procedural, 205 | 7.6 O cérebro e a aprendizagem, 205
7.7 Como aprender melhor?, 208 | 7.8 Aspectos neuropsicológicos da aprendizagem, 210 | 7.9 Dificuldade específica de aprendizagem da leitura, 212

Considerações finais, 227
Referências, 231
Bibliografia comentada, 237
Respostas, 239
Sobre a autora, 241

# Agradecimentos

Agradeço à Profª Drª Maria Joana Mäder-Joaquim, que há tantos anos vem me guiando pela neuropsicologia. Agradeço por sua amizade e confiança, pelas oportunidades e possibilidades que vem me oferecendo.

Com carinho,

Maria Gabriela Ramos Ferreira.

# Apresentação

Por meio desta obra, esperamos que você, leitor, possa conhecer melhor alguns conceitos científicos para otimizar seus métodos de ensino, possibilitando que os alunos atinjam seu potencial máximo.

Como fazer isso? Os conceitos da neurociência e da neuropsicologia podem prover instrumentos para inovar o modo como pensamos a aprendizagem.

Desde os primórdios, os humanos querem saber mais sobre o funcionamento do cérebro. Até muito pouco tempo havia apenas especulações sobre o assunto; contudo, o cérebro passou a ser desvendado, e logo surgiram inúmeros conceitos e modelos para dar conta de seus mistérios.

A neurociência nos mostra as várias possibilidades de estudo desse órgão, enquanto a neuropsicologia desvenda as relações entre cérebro e comportamento, no que se refere ao seu funcionamento normal e patológico.

A neuropsicologia trata ainda das funções mentais – seus modelos, como acontecem e as estruturas cerebrais envolvidas. Entender as funções cognitivas, suas relações e suas alterações, sem dúvida, auxilia-nos a pensar sobre a aprendizagem, bem como a responder algumas perguntas iniciais, como:

- Por que precisamos da atenção para aprender?
- Qual é a relação da memória com a aprendizagem?
- Como as emoções e a motivação interferem no processo?

Desde que a neurociência trouxe o conhecimento sobre o cérebro para a vida cotidiana, as pessoas cada vez mais se fascinam com o assunto. Saber sobre o cérebro é uma tarefa árdua, mas gratificante. Conhecê-lo e entender como ele funciona pode render inúmeros frutos, pois podemos usá-lo para melhorar nossa vida. A aprendizagem faz o cérebro mudar, intensifica ou aumenta o número de sinapses. Quando aprendemos, mudamos o cérebro fisicamente. Há, portanto, meios científicos para aumentar o potencial cognitivo de um indivíduo, isto é, de modificar o cérebro para melhor. Se estimularmos o cérebro de modo adequado, essa mudança (física), em outras palavras, a aprendizagem, vai acontecer. Quanto mais sinapses[1], mais conexões. Quanto mais conexões, mais associações. Quanto mais associações, maiores serão a capacidade de raciocínio e o estabelecimento de conexões conceituais e, dessa maneira, maior a possibilidade de enfrentar os obstáculos cotidianos de forma adaptativa e produtiva, ou seja, maior a capacidade de resolver problemas. Assim, aproximar os conhecimentos da neurociência da sala de aula é o que podemos

---

1 Sinapse: "local de contato entre neurônios onde ocorre a transmissão de impulsos nervosos de uma célula para outra" (Sabatella, 2008, p. 25).

fazer de melhor por nossos alunos, de modo que os processos de ensino e aprendizagem possam se dar de modo mais gratificante e produtiva, proporcionando um potencial de aprendizagem cada vez maior e duradouro.

Dessa forma, o objetivo desta obra é aproximar o leitor das neurociências, mais especificamente da neuropsicologia.

O primeiro capítulo trata dos fundamentos da neurociência e da neuroanatomia, além de algumas discussões sobre a neuroplasticidade. O segundo capítulo traz esclarecimentos sobre conceitos da neuropsicologia. O terceiro capítulo discorre sobre a atenção e introduz o assunto *déficit de atenção*. O quarto capítulo explica como a memória funciona e como podemos lançar mão de estratégias para melhorá-la. O quinto capítulo aborda as emoções e os sentimentos segundo o funcionamento cerebral. O sexto capítulo, sobre a motivação, lista estudos clássicos e técnicas que certamente acrescentarão ao professor novas maneiras de incentivar os alunos. O sétimo capítulo refere-se ao tema da aprendizagem (como as várias aprendizagens possíveis ocorrem no cérebro e como podemos melhorá-las a partir dos conhecimentos que temos sobre ele). Encerra-se o livro propondo discussões sobre as dificuldades específicas de aprendizagem da leitura.

Esses conceitos ajudarão o leitor a iniciar a busca incessante de conhecimento sobre o cérebro e seu funcionamento. E, por meio dessa busca, ele poderá melhorar a sua qualidade de vida e a de seus alunos, aproveitando ao máximo tudo o que o cérebro pode nos oferecer. Bom trabalho!

# Organização didático-pedagógica

Seja como ciência que se debruça sobre os conjuntos de métodos elencados e utilizados para a educação dos indivíduos, seja como designação da área de atuação dos profissionais de ensino, a pedagogia caracteriza-se atualmente como um dos domínios do conhecimento mais explorados e, consequentemente, mais evidenciados. A presente obra, harmonizada com a urgente necessidade de discussões a respeito de temas delicados relacionados à área da pedagogia, investe seus esforços no debate referente à educação inclusiva, em todos os seus percalços, desafios e contradições. Para que você, leitor deste livro, possa usufruí-lo em todas as suas potencialidades, de forma dialógica e efetiva, apresentamos a seção destinada à organização didático-pedagógica da obra, no intuito de demonstrar todos os recursos de que esta dispõe.

- Iniciando o diálogo

    Logo na abertura do capítulo, você é informado a respeito dos conteúdos que nele serão abordados, bem como dos objetivos que a autora pretende alcançar.

> **Iniciando o diálogo**
>
> Neste capítulo faremos uma exposição inicial sobre as neurociências para contextualizar os assuntos tratados nesta obra. Em seguida, apresentaremos uma demonstração das células presentes no sistema nervoso (neurônios e neuróglia), do sistema nervoso central e do sistema nervoso periférico.

- Importante!

    Algumas das informações mais importantes da obra aparecem nestes boxes. Aproveite para fazer sua própria reflexão sobre os conteúdos apresentados.

> *Estamos diante da possibilidade de proporcionar uma aprendizagem mais eficaz e prazerosa com base em nossos conhecimentos sobre o funcionamento cerebral. O cérebro é popularmente conhecido como "uma máquina de aprender". Qualquer pessoa é capaz de aprender, visto que a aprendizagem não se resume à infância e à adolescência; ela ocorre durante toda a vida.*

Noronha (2008) destaca que

*A Neurociência traz para a sala de aula o conhecimento sobre a memória, o esquecimento, o tempo, o sono, a atenção, o medo, o humor, a afetividade, o movimento, os sentidos, a linguagem, as interpretações das imagens que fazemos mentalmente, o "como" o conhecimento é incorporado em representações disponíveis, as imagens que formam o pensamento, o próprio desenvolvimento infantil e diferenças básicas nos processos cerebrais da infância, e tudo isto se torna subsídio interessante e imprescindível para nossa compreensão e ação pedagógica. Os neurônios espelho, que possibilitam à espécie humana progressos na comunicação, compreensão e no aprendizado. A plasticidade cerebral, ou seja, o conhecimento de que o cérebro continua a desenvolver-se, a aprender e a mudar, até a senilidade ou a morte também altera nossa visão de aprendizagem e educação. Ela nos faz rever o fracasso e as dificuldades de aprendizagem, pois existem inúmeras possibilidades de aprendizagem para o ser humano, do nascimento até a morte.*

Flor e Carvalho (2011, p. 221) ressaltam que a neurociência "pode oferecer mudanças de paradigmas no sistema educacional", uma vez que a utilização de suas contribuições para inovar, facilitar e intensificar a aprendizagem é possível e viável. As autoras acrescentam que a multidisciplinaridade das neurociências tem muito a contribuir com a educação. Agora podemos olhar a partir de

interpretação e compreensão do material emocional" (Gazzaniga; Heatherton, 2005, p. 332). Estudos com neuroimagem conseguem nos mostrar que ambos os hemisférios são ativados pela estimulação emocional, porém o lado direito mais do que o esquerdo (Gazzaniga; Heatherton, 2005, p. 332). O hemisfério direito também consegue detectar melhor "o tom emocional da fala, enquanto o hemisfério esquerdo é mais exato ao decodificar o conteúdo semântico" (Gazzaniga; Heatherton, 2005, p. 332). Portanto, as emoções positivas ativam o hemisfério esquerdo e as negativas, o direito.

- Síntese

    Você conta, nesta seção, com um recurso que o instiga a fazer uma reflexão sobre os conteúdos estudados, de modo a contribuir para que as conclusões a que você chegou sejam reafirmadas ou redefinidas.

Síntese

As emoções são sentimentos que nos fazem realizar comportamentos ou que ocorrem depois de uma ação. Geralmente procuramos objetos e atividades que nos façam nos sentir bem e evitamos fazer coisas que nos façam nos sentir mal.

O humor é um estado emocional mais difuso e mais duradouro que influencia o pensamento e o comportamento. É diferente do afeto (emoção) porque este é instantâneo.

Tudo o que vivemos sempre está influenciado por um matiz emocional. Assim, as emoções, constantes em nosso cotidiano, refletem-se em nosso corpo. O afeto positivo, por exemplo, aumenta os níveis de dopamina, proporcionando-nos bem-estar.

As emoções são de fundamental importância porque trabalham em prol de nossa sobrevivência, ou seja, são adaptativas. Temos a tendência de repetir as experiências positivas e a evitar as negativas, aumentando as chances de sobrevivência e reprodução.

- Atividades de autoavaliação

  Com estas questões objetivas, você tem a oportunidade de verificar o grau de assimilação dos conceitos examinados, motivando-se a progredir em seus estudos e a preparar-se para outras atividades avaliativas.

- Atividades de aprendizagem

  Aqui você dispõe de questões cujo objetivo é levá-lo a analisar criticamente um determinado assunto e integrar conhecimentos teóricos e práticos.

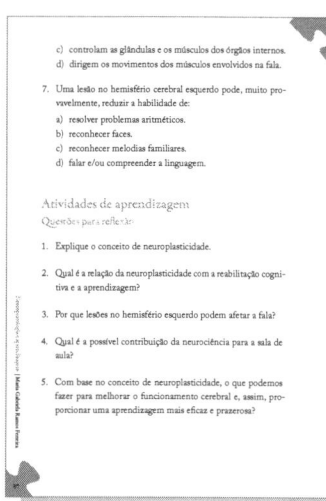

- Questões para reflexão

  Estas questões têm o propósito de incentivá-lo a confrontar conhecimentos acumulados nas leituras dos capítulos com o seu próprio conhecimento de mundo, levando-o a analisar as múltiplas realidades que o rodeiam.

- Atividades aplicadas: prática

Com o objetivo de aliar os conhecimentos teóricos adquiridos nas leituras à prática, estas atividades pressupõem propostas de cunho eminentemente dialógico, seja em proposições de enquetes, entrevistas ou mesmo depoimentos, seja nos trabalhos em grupo, que contribuem para o compartilhamento de informações e experiências.

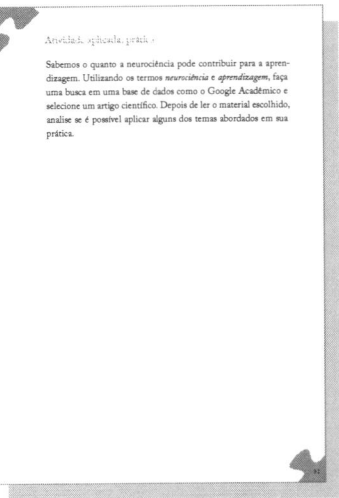

Atividades aplicadas: prática

Sabemos o quanto a neurociência pode contribuir para a aprendizagem. Utilizando os termos *neurociência* e *aprendizagem*, faça uma busca em uma base de dados como o Google Acadêmico e selecione um artigo científico. Depois de ler o material escolhido, analise se é possível aplicar alguns dos temas abordados em sua prática.

Bibliografia comentada

BADDELEY, A.; EYSENCK, M. W.; ANDERSON, M. C. **Memória**. Porto Alegre: Artmed, 2011.

É o melhor livro sobre memória com o qual já tive contato. O leitor que deseja aprofundar seus conhecimentos sobre todos os tipos de memória poderá beneficiar-se dos conteúdos abordados e apresentados com uma linguagem simples e acessível.

FERNANDEZ, A.; GOLDBERG, E.; MICHELON, P. **The Sharp Brains Guide to Brain Fitness**: How to Optimize Brain Health and Performance at Any Age. New York: SharpBrains, Inc., 2013.

Essa obra, escrita na língua inglesa, trata dos mais recentes avanços das pesquisas sobre o cérebro. Compõe-se de teorias simples e de entrevistas com cientistas renomados, abrangendo diversos assuntos.

- Bibliografia comentada

Nesta seção, você encontra comentários acerca de algumas obras de referência para o estudo dos temas examinados.

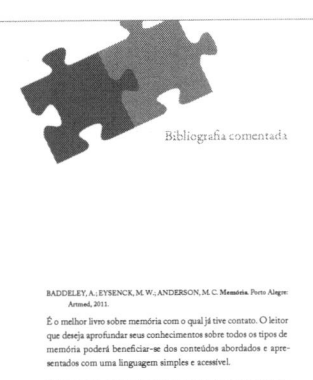

# 1.

As neurociências,
a neuroanatomia
e a neuroplasticidade

**Iniciando o diálogo**

Neste capítulo faremos uma exposição inicial sobre as neurociências para contextualizar os assuntos tratados nesta obra. Em seguida, apresentaremos uma demonstração das células presentes no sistema nervoso (neurônios e neuróglia), do sistema nervoso central e do sistema nervoso periférico.

Descreveremos a organização funcional do cérebro e as funções de cada lobo em particular. Para finalizar, discorreremos sobre o funcionamento cerebral e a neuroplasticidade.

O cérebro é estudado desde os tempos mais remotos. Várias ciências já se dedicaram ao estudo dele, como a medicina, a biologia, a psicologia, a física, a química e a matemática. A grande contribuição das neurociências foi demonstrar que o estudo do cérebro acontece de modo mais completo por meio da interdisciplinaridade.

## 1.1
Introdução às neurociências

Nossos ancestrais pré-históricos tinham conhecimento de que o cérebro era crucial para a vida. Foram encontrados crânios de hominídeos, com milhões de anos de idade, com ferimentos mortais aplicados na cabeça, possivelmente provocados por outros hominídeos. Isso evidencia que eles sabiam que um ferimento na região da cabeça pode ser fatal.

As trepanações ou craniotomias, isto é, cirurgias do crânio, já aconteciam há 7 mil anos e eram realizadas com os indivíduos vivos, com o objetivo de tratar dores de cabeça ou doenças mentais ou para "libertar maus espíritos". Foram encontrados cérebros pré-históricos com trepanações na Europa, na África, nas Américas do Sul e do Norte e em várias ilhas do sul do Pacífico.

Papiros de 5 mil anos localizados no Egito relatam conhecimentos sobre os sintomas de lesão cerebral. No papiro cirúrgico adquirido por Edwin Smith em Luxor, em 1862, por exemplo (data do século XVII a.C.), há 48 casos de tratamento, entre eles oito casos de lesões na cabeça e na medula espinhal, com as respectivas consequências descritas. O papiro de Ebers (cerca de 1550 a.C.), publicado em 1937 por Ebell, relata as causas do esquecimento causado por lesão cerebral (Walsh; Darby, 1999, p. 3, tradução nossa).

Na Grécia antiga o cérebro era visto como o "órgão das sensações" (Bear; Connors; Paradiso, 2002, p. 4). Hipócrates, no século IV a.C., acreditava que o cérebro, além de estar envolvido nas sensações, era o responsável pela inteligência. Os escritos de Hipócrates são, na verdade, escritos de grupos de médicos que datam do final do século V a.C. até meados do século IV a.C. O tratado de Hipócrates intitulado *Acerca das doenças sagradas*, do século IX a.C., relata estudos de caso de pacientes epiléticos (Bear; Connors; Paradiso, 2002, p. 3). Walsh e Darby (1999, p. 4, tradução nossa) observaram que o dano ao hemisfério cerebral produz espasmos ou convulsões no outro lado do corpo. Aristóteles também discutiu sobre a percepção e as modalidades sensoriais. Dividiu a atividade mental em faculdades mentais, relacionadas ao pensamento e ao julgamento, "por exemplo, imaginação, fantasia, cogitação, estimação, atenção e memória" (Walsh; Darby, 1999, p. 6, tradução nossa). Mais tarde essas faculdades mentais foram relacionadas à doutrina celular, teoria de localização de função que "postulou que os processos mentais ou faculdades da mente eram localizados nas câmaras ventriculares do cérebro" (Walsh; Darby, 1999, p. 5, tradução nossa).

Galeno, médico durante o Império Romano, concordava com Hipócrates. Além de ser médico de gladiadores, ele também dissecava animais, o que o proveu de conhecimentos acerca do cérebro e do cerebelo, ainda que ele não compreendesse suas funções. Ao descobrir os ventrículos, Galeno construiu sua teoria dos humores, pensando que o corpo funcionava com a regulação de quatro fluidos, contribuindo fortemente para a doutrina celular.

Só 1.500 anos depois a visão dele caiu por terra. Vesalius, grande anatomista da Renascença, acrescentou muitas descobertas ao conhecimento do cérebro, ainda que para ele os ventrículos tivessem a função de regular o funcionamento cerebral. O cérebro seria como uma máquina que executa várias funções, por meio do fluido que circula pelos ventrículos. A teoria de fluido mecânico foi então defendida por Descartes, que diferenciava os humanos dos animais, considerando que Deus lhes fornecia a alma e que tinham um intelecto. A mente era considerada espiritual, e não como sendo possibilitada pelo cérebro físico, e pensava-se que a comunicação com as sensações e os movimentos se dava por intermédio da glândula pineal.

Nos séculos XVII e XVIII, os ventrículos perderam sua importância, uma vez que foi descoberto o tecido cerebral, a substância cinzenta e a substância branca. A última era conectada aos nervos, formados por fibras que conduziam a informação para a substância cinzenta. O sistema nervoso já havia sido dissecado totalmente ao final do século XVIII, constatando-se que ele possuía uma divisão central, composta pelo cérebro e pela medula, e uma divisão periférica, composta pelos nervos. Observaram-se também os giros e os sulcos, e dividiu-se o cérebro em lobos. A partir daí os estudiosos passaram a se questionar, de forma mais especulativa do que propriamente clínica ou experimental, sobre a localização das funções cerebrais e, também, sobre a localização da mente (ou da alma) no cérebro. No final do século XVIII e começo do século XIX, foi possível entender que os nervos conduziam sinais elétricos do corpo para o cérebro e vice-versa através das fibras nervosas. Sabia-se também que essa informação era ou sensitiva ou motora.

Walsh e Darby (1999, p. 13, tradução nossa) mencionam que, depois dos séculos XVII e XVIII, a noção vigente era de uma faculdade psicológica, dividida em processos mentais com habilidades especializadas. Essa noção resultou na busca pelo substrato neural dessas faculdades ou poderes da mente.

As circunvoluções do cérebro começaram a ser observadas. Franz Joseph Gall[1], em 1809, propôs que determinados traços de personalidade, como a generosidade, a timidez e a destrutividade, estariam relacionados com as dimensões da cabeça (Bear; Connors; Paradiso, 2002, p. 10). Surgiu, então, a frenologia[2], que na época foi considerada uma ciência e fez muito sucesso. Gall se baseava nas faculdades mentais descritas pelos filósofos escoceses Thomas Reid e Dugald Stewart. Quando falou sobre essa doutrina em Viena, encontrou Johann Kaspar Spurzheim (criador do termo *frenologia*) como seguidor. A pesquisa desses médicos propunha que o cérebro era composto por vários órgãos, os quais controlavam as diversas faculdades mentais que o relevo do crânio era consequente ao desenvolvimento desses órgãos cerebrais e que o praticante da frenologia "poderia adivinhar a natureza das propensões da pessoa", apalpando o crânio do paciente (Walsh; Darby, 1999, p. 13, tradução nossa).

Segundo Walsh e Darby (1999, p. 3, tradução nossa),

> *Gall enfatizou o papel do córtex no qual ele localizou seus órgãos facultativos. Isto foi um avanço, uma vez que o córtex havia sido considerado relativamente sem importância até esse estágio. Gall fez várias descobertas importantes em neuroanatomia, mas elas foram grandemente ofuscadas pela sua fisiologia especulativa.*

---

1 Gall foi um neuroanatomista e fisiologista, precursor em pesquisas sobre a localização das atividades cerebrais (Sabbatini, 1997).

2 A frenologia é a primeira teoria de localização cerebral, mas em 1808 o Instituto da França reuniu um comitê que declarou que a frenologia não era confiável; contudo, ainda existem seguidores dessa doutrina (Sabbatini, 2014).

Entretanto, por meio da frenologia, o hábito de registrar e de correlacionar dados anatômicos e clínicos incentivou o desenvolvimento das ideias sobre a localização cerebral.

No começo do século XIX, Pierre Flourens, um neurofiologista da época totalmente contrário à frenologia, recebeu crédito por ter iniciado "o movimento que resultou na teoria holística da função cerebral" (Walsh; Darby, 1999, p. 14, tradução nossa), a qual pensava nas funções cerebrais de modo mais amplo e não restritas a partes do cérebro em específico. Ele usou o método de **ablação experimental**[3] para testar a hipótese de que as fibras motoras se originavam no cerebelo e as sensitivas se dirigiam para o cérebro; com isso conseguiu verificar o papel do cerebelo na coordenação dos movimentos. Notou que havia recuperação depois da lesão cerebral e "antecipou a noção de **equipotencialidade**, a habilidade de outras partes do cérebro de tomar o lugar de funções do tecido nervoso danificado" (Walsh; Darby, 1999, p. 14, tradução e grifo nosso). Ele acreditava que o sistema nervoso funcionava de modo integrado.

Em 1861, o neurologista francês Paul Broca relatou a localização da função motora da fala no cérebro mediante o que observou no cérebro de seu paciente apelidado como *Tan*. Na necropsia foi visto que esse paciente apresentava lesão no hemisfério esquerdo (provocada por um acidente vascular cerebral – AVC). Após a lesão cerebral, ele conseguia compreender a fala, mas não conseguia expressar-se, produzindo apenas a sílaba *tan* (motivo do apelido).

Walsh e Darby (1999, p. 16, tradução e grifo nosso) explicam que

---

3 O termo *ablação experimental* está relacionado a experimentos científicos que utilizam partes do sistema nervoso de animais, as quais são destruídas para serem observadas as consequências dessa destruição.

> *Broca por si mesmo notou, com outros colaboradores, que exceções à localização da linguagem no hemisfério esquerdo pareceram ocorrer em indivíduos sinistros, e dessas observações começou a noção de que existia um relacionamento cruzado entre preferência manual e dominância hemisférica para a linguagem, uma noção que nos atormentou desde sempre e que está somente agora começando a ser esclarecida.*

Em meados do século XIX, o zoologista alemão Theodor Schwann propôs a teoria celular, segundo a qual os tecidos seriam compostos por células. No final do século XIX, a memória começou a ser estudada sistematicamente, contudo somente por volta de 1900 a célula nervosa foi reconhecida como "a unidade básica e funcional do universo" (Bear; Connors; Paradiso, 2002, p. 13).

No período de 1887 a 1891, o médico russo Sergei Korsakoff[4] relatou vários casos de pacientes com distúrbios de memória, sintoma que ocorria na presença de polineurite e em um grande número de pacientes alcóolatras. Os pacientes ora estavam conscientes e agitados, ora apresentavam confusão mental, tendo a agitação como característica.

Depois de Korsakoff, Theódulle-Armand Ribot desenvolveu uma teoria sobre os distúrbios da memória que distinguia a amnésia anterógrada da amnésia retrógrada.

Walsh e Darby (1999, p. 18, tradução nossa) afirmam que

> estudos clínicos e experimentais têm revelado que lesões em coleções de células e tratos amplamente separados podem afetar subfunções sutis de uma complexa gama de funções, as quais são incluídas sob a rubrica de memória e aprendizagem.

---

4 O médico russo Sergei Korsakoff (1854-1900) descreveu a chamada *síndrome de Korsakoff*, uma grave perda de memória que acompanha casos de alcoolismo.

Com o progresso das concepções acerca do cérebro e do sistema nervoso, chegamos à noção de que o cérebro é especializado, ou seja, é composto de áreas cerebrais que propiciam a ocorrência "da percepção, do comportamento e da vida mental" (Gazzaniga; Heatherton, 2005, p. 123). Nosso cérebro, portanto, apesar de ter algumas áreas específicas que desempenham funções altamente especializadas, funciona pela integração coordenada de todas elas.

Gazzaniga e Heatherton (2005, p. 123-124) esclarecem que

> *Uma concepção errônea [...] está corporificada no mito comum de que nós só utilizamos uma pequena porcentagem, digamos 10%, de nosso cérebro, com a implicação de que seríamos mais inteligentes ou mais criativos se utilizássemos uma parte maior do cérebro, ou de que não seríamos muito diferentes se usássemos menos. Isto está absolutamente errado. Uma vez que as regiões cerebrais são altamente especializadas, a atividade em uma área em um momento inadequado seria desastrosa. Além disso, a perda até mesmo de uma pequena região cerebral provoca a perda da função daquela região. Em certa extensão, nós nos recuperamos dos danos sofridos pelo cérebro, mas, com maior frequência, perder uma parte dele causa déficits, muitos dos quais são óbvios.*

O termo *neurociência* é novo, utilizado desde 1970. Com o desenvolvimento da área, as neurociências passaram a estudar o cérebro e seu funcionamento sob diversas abordagens. O termo *neurociência cognitiva* deriva de *cognição* ou *processo de conhecimento* (o que vem da consciência, percepção e raciocínio, por exemplo) e de *neurociência* (o estudo do sistema nervoso). Seria a denominação adequada para descrever como as funções do cérebro físico possibilitam os pensamentos e ideias da mente intangível.

Para Bear, Connors e Paradiso (2002, p. 13), o desafio de estudar o cérebro abrange os níveis de análise molecular, celular, de sistema, comportamental e cognitivo. No **nível de análise molecular**, são estudadas as moléculas, fundamentais para a função cerebral; no **nível de análise celular**, são estudados os neurônios. No **nível de sistemas**, são examinados os grupos neuronais que formam grandes redes e, assim, realizam uma

> Nosso cérebro, portanto, apesar de ter algumas áreas específicas que desempenham funções altamente especializadas, funciona pela integração coordenada de todas elas.

função em conjunto, como os sistemas motor e visual. As **neurociências comportamentais** se preocupam em explicar como o cérebro produz os comportamentos, enquanto as **neurociências cognitivas**[5] estudam como o cérebro realiza as funções cognitivas, como a consciência, a imaginação e a linguagem.

As neurociências agregam profissionais com formações distintas (como neurologia, neurocirurgia, neurofarmacologia, neuropatologia, neurofisiologia, neuropsicologia, psicobiologia, psicofísica e psiquiatria), que realizam pesquisas clínicas e experimentais em diferentes campos de estudo, mas que têm em comum o interesse em conhecer como o cérebro funciona.

Um dos grandes desafios que o estudo do cérebro propõe é que este não pode ser visto a olho nu e, por isso, entender seu funcionamento requer o uso de certos artifícios. Ficamos diante da difícil tarefa de explicar aos pacientes e a seus familiares como uma lesão cerebral ou uma doença neurodegenerativa causam determinados sintomas ou sequelas. As consequências podem ser sequelas motoras, perceptuais, cognitivas, afetivas, capazes

---

5  No final dos anos de 1970, em Nova York, no banco de trás de um táxi, Michael Gazzaniga estava indo a um jantar com o grande psicólogo cognitivo George A. Miller. Durante a conversa surgiu o termo *neurociência cognitiva*.

de produzir todo tipo de alteração comportamental. Diferenciar esses comportamentos, cujas causas são orgânicas, de reações emocionais é mais um dos desafios. A compreensão do funcionamento do cérebro saudável advinha, há pouco tempo, do estudo de danos causados ao cérebro. Então, por meio de métodos experimentais e de observações clínicas, os pesquisadores foram compreendendo como determinados danos causados em regiões cerebrais específicas poderiam produzir comportamentos alterados. Para realizar tal análise, além da verificação dos comportamentos alterados, era necessária a constatação de que realmente existia um dano cerebral em determinada região, ou a afetação das redes neuronais envolvidas em uma função específica. É aqui que entram os artifícios: o uso da tecnologia para a construção de **mapas cerebrais** e o uso de testes neuropsicológicos para a verificação do comportamento, relacionando-o com o funcionamento cerebral.

Os **testes neuropsicológicos** são instrumentos que possibilitam a verificação do comportamento alterado e sua correlação com o funcionamento cerebral. Esses testes partiram de estudos baseados em modelos animais e da observação de pacientes lesionados e hoje podem ser correlacionados com o que os exames de imagem nos mostram. As técnicas de imageamento cerebral empregam a tecnologia para detectar danos cerebrais causados por lesões produzidas por traumas físicos ao cérebro, tumores, hemorragias ou infartos; atualmente, porém, também são capazes de registrar o cérebro vivo em funcionamento. A neurofisiologia, por meio da eletroencefalografia (EEG), por exemplo, pode fornecer um mapa da atividade elétrica cerebral. As técnicas de neuroimagem, como a ressonância magnética funcional (fMRI) e a tomografia por emissão de pósitrons (PET), detectam de formas diferenciadas o fluxo sanguíneo, mostrando as áreas cerebrais mais ativadas.

O progresso das pesquisas sobre o cérebro e a possibilidade de esses conhecimentos estarem acessíveis às pessoas faz com que cada vez mais nos interessemos sobre esse órgão tão perfeito e surpreendente. Primeiro, desde os primórdios da humanidade, observando atônitos os efeitos da lesão cerebral. Depois, nos dias de hoje, sendo capazes de observar o cérebro vivo, funcionando durante a realização de uma tarefa por meio de exame de imagem, como a ressonância magnética. Só nos resta utilizar esse vasto conhecimento a nosso favor.

Sabemos que a mente é capacitada pelo cérebro e que a consciência pode ser estudada mediante o estudo do funcionamento cerebral; que todos os comportamentos, pensamentos e sentimentos que experienciamos são fundamentados pelo cérebro; que o cérebro é plástico, modifica-se, transforma-se (para melhor e para pior) e pode mudar para melhor se o estimularmos da maneira correta; que em algumas regiões do cérebro os neurônios nascem novamente (processo chamado *neurogênese*); que, quando aprendemos, causamos uma modificação estrutural no cérebro pela criação de novas sinapses (processo chamado *sinaptogênese*) e pela eliminação de outras (processo chamado *poda sináptica*). Com base nessas informações, podemos começar a refletir sobre os meios de aprender melhor.

> **Importante!** Estamos diante da possibilidade de proporcionar uma aprendizagem mais eficaz e prazerosa com base em nossos conhecimentos sobre o funcionamento cerebral. O cérebro é popularmente conhecido como "uma máquina de aprender". Qualquer pessoa é capaz de aprender, visto que a aprendizagem não se resume à infância e à adolescência; ela acontece durante toda a vida.

Noronha (2008) destaca que

> *A Neurociência traz para a sala de aula o conhecimento sobre a memória, o esquecimento, o tempo, o sono, a atenção, o medo, o humor, a afetividade, o movimento, os sentidos, a linguagem, as interpretações das imagens que fazemos mentalmente, o "como" o conhecimento é incorporado em representações dispositivas, as imagens que formam o pensamento, o próprio desenvolvimento infantil e diferenças básicas nos processos cerebrais da infância, e tudo isto se torna subsídio interessante e imprescindível para nossa compreensão e ação pedagógica. Os neurônios espelho, que possibilitam à espécie humana progressos na comunicação, compreensão e no aprendizado. A plasticidade cerebral, ou seja, o conhecimento de que o cérebro continua a desenvolver-se, a aprender e a mudar, até à senilidade ou à morte também altera nossa visão de aprendizagem e educação. Ela nos faz rever o fracasso e as dificuldades de aprendizagem, pois existem inúmeras possibilidades de aprendizagem para o ser humano, do nascimento até a morte.*

Flor e Carvalho (2011, p. 221) ressaltam que a neurociência "pode oferecer mudanças de paradigmas no sistema educacional", uma vez que a utilização de suas contribuições para inovar, facilitar e intensificar a aprendizagem é possível e viável. As autoras acrescentam que a multidisciplinaridade das neurociências tem muito a contribuir com a educação. Agora podemos olhar a partir de outro ponto de vista questões sérias e complexas como "o fracasso e o insucesso escolar [...], já que uma nova e fascinante gama de informações e conhecimentos está à disposição do educador da pós-modernidade" (Flor; Carvalho, 2011, p. 222).

## 1.2
Introdução à neuroanatomia

O sistema nervoso é constituído pelo **sistema nervoso central (SNC)** e pelo **sistema nervoso periférico (SNP)**. O cérebro, uma das estruturas que compõem o SNC, organiza-se de modo a processar todos os estímulos que vêm do meio ambiente ou do meio interno e a realizar comportamentos em resposta a esses estímulos. Percebemos o que acontece no meio ambiente e conosco por intermédio do sistema nervoso.

Para Fernandez, Goldberg e Michelon (2013, p. 15, tradução nossa),

> *a maioria do que acontece no cérebro ocorre abaixo da consciência ou controle consciente, o volume de nossas ações durante o dia (caminhar, mastigar a comida, discutir um livro) parece natural e simples. É muito fácil esquecer que nossos comportamentos são na realidade a sofisticada produção de um órgão incrivelmente complexo.*

Assim, as percepções, as emoções, os pensamentos e todo e qualquer comportamento produzido por nós são resultantes do funcionamento do sistema nervoso.

### 1.2.1 O neurônio

O neurônio é a "unidade básica, estrutural e funcional do sistema nervoso" (Crossman; Neary, 2002, p. 1). Ele recebe e integra a informação, originada em *inputs* sensoriais, e a transmite a outros neurônios ou órgãos efetores. "Neurônios têm uma habilidade especializada de conduzir informação bioelétrica e de se comunicar através da troca de informação química na forma de neurotransmissores (por exemplo, dopamina) através de conexões com outros neurônios, conhecidas como sinapses" (Fernandez; Goldberg; Michelon, 2013, p. 19, tradução nossa).

No sistema nervoso encontramos dois tipos de células: as **células da glia** e os **neurônios**. Existem diferentes linhagens de células gliais: os oligodendrócitos – células que fabricam a bainha de mielina (capa de gordura isolante de cor esbranquiçada); os astrócitos – responsáveis pela barreira hematoencefálica, que é uma "barreira seletivamente permeável entre o sangue circulante e o tecido nervoso" (Crossman; Neary, 2002, p. 177); e a micróglia – cuja função principal é remover detritos.

Existem três tipos de neurônios: os aferentes, os conectores (ou associativos) e os eferentes. Os **neurônios aferentes** são sensitivos; eles trazem os *inputs* sensoriais para o sistema nervoso, levando-os do receptor periférico ao SNC. Os **neurônios eferentes**, por outro lado, são motores, transmitindo a informação através de outros neurônios para fora do SNC, efetivando, assim, um comportamento.

Figura 1.1 – Representação simplificada de um neurônio

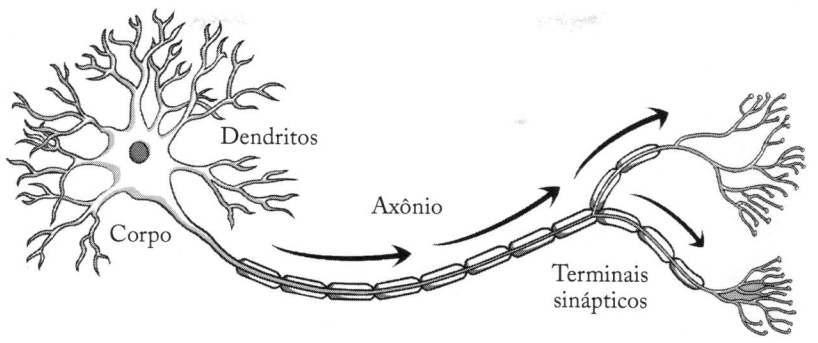

Fonte: Ferneda, 2006.

Os neurônios têm um corpo celular que é único, com prolongamentos ramificados, do qual saem dendritos, que são prolongamentos aferentes ou receptivos. Outro prolongamento que sai do corpo celular é o axônio, que é eferente, levando a informação para longe. Os botões terminais que estão no terminal axonal transmitem a informação para dendritos de outros neurônios (ver Figura 1.1).

A condução da informação dentro dos neurônios é elétrica. Quando eles estão em repouso, o potencial elétrico apresenta uma carga de 60 a -70 milivolts (mV), sendo o interior da célula negativo em relação ao exterior. Se o neurônio é estimulado, ultrapassando um determinado limiar, ocorre a inversão da polaridade da membrana, com a troca de voltagem para +40 mV, e os canais ATP[6] dependentes geram um potencial de ação que vai caminhar pelo axônio.

Os canais iônicos se abrem na membrana, permitindo a entrada de sódio; este desvia o potencial de membrana para valores

---

6 Os canais ATP fornecem energia para o funcionamento das células pela síntese de ATP (trifosfato de adenosina) a partir de ADP (adenosina bifosfato) e de fosfato inorgânico, utilizando, para isso, alguma forma de energia.

positivos; o potencial é restabelecido quando outros canais se abrem, permitindo a saída de íons de potássio.

A transmissão da informação entre neurônios ocorre por meio químico. O neurônio pré-sináptico conduz o potencial de ação que chega ao terminal axonal fazendo com que as vesículas sinápticas liberem os agentes químicos que armazenam. Esses agentes químicos são os neurotransmissores, que serão liberados no espaço vazio entre os dois neurônios (fenda sináptica) para que possam ligar-se aos receptores do outro neurônio (pós-sináptico), "produzindo alterações do potencial de membrana" (Crossman; Neary, 2002, p. 2). Nesse momento, ou a membrana é despolarizada e os potenciais de ação serão produzidos, ou ela será hiperpolarizada, o que causa a estabilização da célula pós-sináptica.

A **sinapse** é o modo como os neurônios se comunicam. Pensando em um modelo didático, temos o neurônio pré-sináptico e o neurônio pós-sináptico e entre eles a fenda sináptica. A largura da fenda sináptica é de 20 a 50 nanômetros (nm).

Os neurotransmissores são produzidos e armazenados pelas vesículas sinápticas. Para que a sinapse aconteça, esses neurotransmissores são transportados para a borda da membrana nas vesículas. Elas vão liberá-los na fenda quando o potencial de ação chegar ao terminal axonal. A liberação

> O cérebro é dividido em dois hemisférios cerebrais, separados pela fissura longitudinal. Cada hemisfério recebe sensações e controla os movimentos da parte oposta (contralateral) do corpo.

do neurotransmissor vai provocar a ativação dos receptores pós-sinápticos, os quais captarão suas moléculas. Após a captação, ocorre o término do efeito transmissor. Esse término pode ocorrer por recaptação, quando as moléculas retornam para as vesículas da célula pré-sináptica, ou por degradação enzimática (ainda na fenda sináptica), quando uma enzima "quebra" a molécula do neurotransmissor em duas partes: uma delas é estocada nas vesículas sinápticas e a outra é descartada. Por exemplo, o neurotransmissor acetilcolina é degradado pela enzima acetilcolinesterase em acetil e colina. O acetil é descartado e a colina volta para a vesícula sináptica para que o neurotransmissor acetilcolina possa ser produzido novamente.

### 1.2.2 O SNC e o SNP

O SNC é formado pelo **encéfalo** e pela **medula**. Essas estruturas são envolvidas por revestimento ósseo, a saber, crânio e coluna vertebral. O cérebro é dividido em dois hemisférios cerebrais, separados pela fissura longitudinal. Cada hemisfério recebe sensações e controla os movimentos da parte oposta (contralateral) do corpo. Isso ocorre por causa da decussação das vias motoras e sensoriais: as fibras nervosas motoras descem e se cruzam na pirâmide bulbar (decussação das fibras motoras).

O SNP é constituído por **nervos cranianos e espinhais**, os quais ligam, com suas ramificações e gânglios, os receptores periféricos ao SNC e conectam o SNC aos órgãos efetores (músculos e glândulas). O SNP pode ser dividido em somático e autônomo. A Figura 1.2 ilustra essa organização.

Figura 1.2 – Organização básica do sistema nervoso

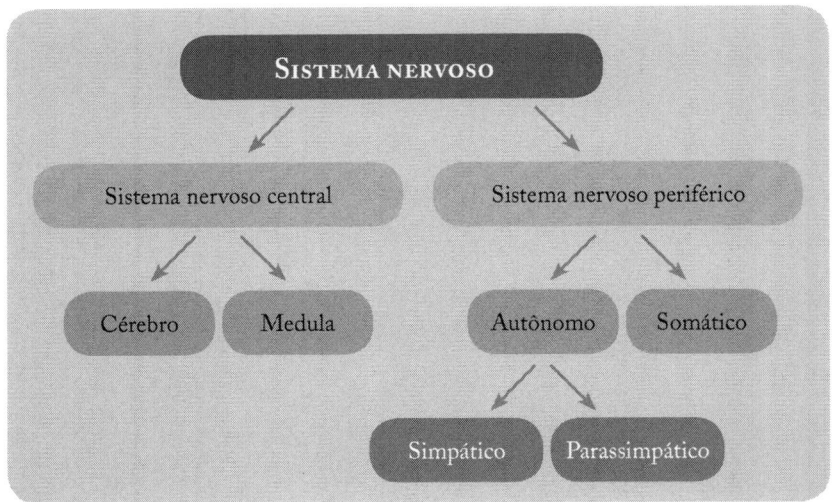

Fonte: Crossman; Neary, 2002.

O **sistema nervoso periférico** somático contém "os nervos espinhais que inervam a pele, as articulações e os músculos" (Bear; Connors; Paradiso, 2002, p. 169). Nele, os axônios motores somáticos comandam, de modo voluntário, a contração muscular, saindo da medula espinhal através da raiz ventral. Os axônios sensoriais somáticos "inervam e coletam informação da pele, músculos e articulações", entrando na medula espinhal através de sua raiz dorsal (Bear; Connors; Paradiso, 2002, p. 169). Seus corpos celulares se situam fora da medula espinhal, no SNP, mais especificamente nos gânglios da raiz dorsal.

O **sistema nervoso autônomo (SNA)** é composto de fibras autonômicas, as quais conectam o sistema nervoso aos órgãos viscerais. As fibras somáticas do SNP, por sua vez, conectam-se com o resto do corpo. O termo *víscera* se refere aos órgãos internos, como o coração, o estômago, os pulmões, os canais lacrimais, as glândulas e os vasos sanguíneos. Portanto, as fibras sensoriais autonômicas carregam informação sobre o estado dos órgãos viscerais, e as fibras sensoriais somáticas conduzem a informação a partir dos receptores da pele, das juntas e dos tendões.

Os neurônios motores autonômicos inervam os músculos lisos das vísceras. Grande parte dos músculos lisos do corpo estão no estômago e no intestino, onde agem para processar os alimentos. As paredes das artérias também são formadas por músculos lisos. A contração e o relaxamento desses músculos pode expandir ou estreitar o diâmetro do vaso para aumentar ou diminuir o suprimento sanguíneo de um órgão. Em contraposição, um outro tipo de musculatura, os chamados *músculos estriados vermelhos*, são estimulados pelas fibras motoras somáticas. Os músculos dos braços, das pernas, do tronco e da cabeça são denominados *músculos voluntários*, porque estão sob controle consciente. Os músculos lisos, por outro lado, são quase todos contraídos involuntariamente, de modo reflexo. Assim, o SNA é o conjunto de todas as células nervosas, situadas tanto no SNC como no SNP, relacionados com o controle visceral motor do músculo cardíaco, das glândulas e dos músculos lisos (vísceras).

O SNA, portanto, funciona sem esforço consciente. Sua principal tarefa é o controle (automático) e a manutenção de um meio interno estável (homeostase) em resposta à flutuação de estímulos internos e externos. Por exemplo, ao levar um susto, a tendência natural é evitar o objeto. Duas decisões se impõem: a fuga ou a luta. Em ambas as possibilidades, alguns ajustes automáticos são feitos, ou seja, a divisão simpática do SNA entra em ação: as pupilas se dilatam para maximizar a visão periférica, as vias aéreas se abrem, a função cardíaca se eleva, ocorre vasodilatação sanguínea nos membros, as secreções salivares e digestivas são muito reduzidas e a atividade mental de alerta aumenta. Ao passar o susto, a resposta de emergência do corpo diminui e entra em ação a divisão parassimpática do SNA, que é o sistema automático de retorno às condições basais. Várias atividades do dia a dia provocam uma fase voluntária seguida de uma fase autônoma, como na deglutição e na micção.

O SNA é dividido comumente em duas partes: divisão simpática e parassimpática. A maioria das vísceras recebe neurônios de ambas as divisões, mas os efeitos da atividade de cada um são em geral opostos. O **simpático** está normalmente relacionado com um aumento do nível de excitação do organismo, como a reação de luta ou fuga. O **parassimpático** é um conservador de energia, vegetativo, que busca recuperar o metabolismo, obtendo respostas como o repouso e a digestão. Ambas as divisões diferem ainda em termos de neurotransmissores utilizados: a divisão simpática faz uso de acetilcolina e noradrenalina, e a divisão parassimpática faz uso apenas de acetilcolina.

### 1.2.3 O cérebro

As três principais divisões do cérebro são: os hemisférios cerebrais, o tronco cerebral e o cerebelo.

O **cerebelo** está relacionado à coordenação motora, ao controle do tônus muscular e ao equilíbrio. Os **hemisférios cerebrais** são recobertos pelo córtex cerebral (substância cinzenta), que envolve a substância branca. No meio da substância branca estão os gânglios basais (massas de substância cinzenta).

Figura 1.3 – Hemisférios cerebrais

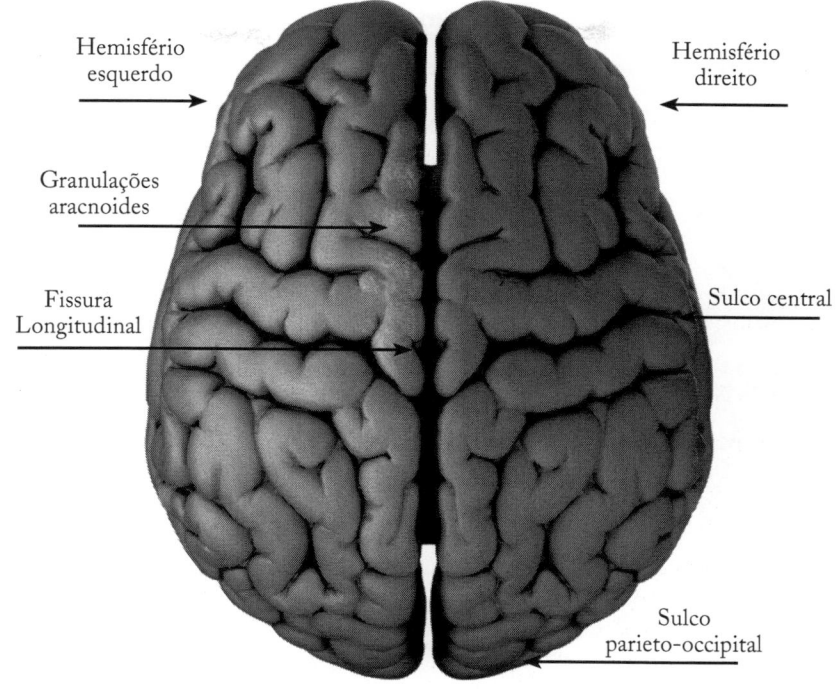

- Hemisfério esquerdo
- Hemisfério direito
- Granulações aracnoides
- Fissura Longitudinal
- Sulco central
- Sulco parieto-occipital

Fonte: Hendelman, 2000.

## 1.2.4 A substância cinzenta e a substância branca

O encéfalo e a medula espinhal são constituídos pela substância cinzenta e pela substância branca. A substância cinzenta é formada por corpos celulares e pode ser vista no córtex cerebral e no H central medular. A substância branca é rica em axônios. Ela é esbranquiçada porque os axônios são revestidos pela bainha de mielina (capa de gordura isolante de cor esbranquiçada). Pode ser vista no centro medular encefálico (substância branca subjacente ao córtex cerebral) e no córtex da medula espinhal (parte mais externa da medula).

As fibras que constituem a substância branca podem ser de associação, comissurais e de projeção. As **fibras de associação** conectam as estruturas dentro de um hemisfério entre si; as **fibras comissurais** conectam os hemisférios, passando informação de um hemisfério para o outro; as **fibras de projeção** conectam estruturas profundas com o córtex, bem como o córtex com essas estruturas.

## 1.2.5 A medula espinhal: organização básica

A medula espinhal é protegida pelos ossos da coluna vertebral. É uma estrutura cilíndrica, com um canal central vestigial, derivado do tubo neural no desenvolvimento embrionário. Os corpos celulares ocupam o H central, com suas pontas (cornos) dorsais e ventrais. O **corno dorsal** é o ponto final da aferência periférica de todo o corpo; é, portanto, a origem das vias ascendentes sensitivas que vão ao encéfalo. O **corno ventral** é o ponto de partida (pois abriga corpos celulares) do neurônio motor eferente, que vai ao músculo esquelético.

Figura 1.4 – Medula espinhal

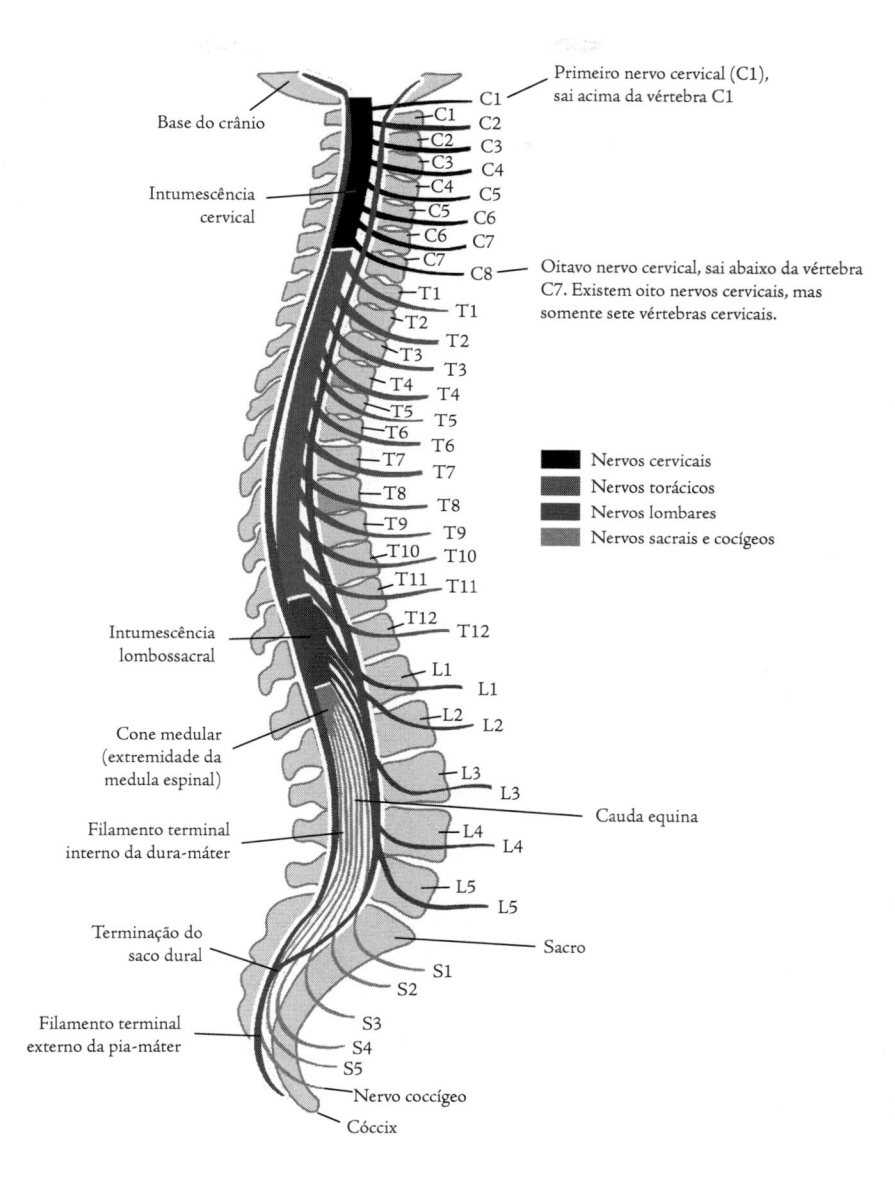

Fonte: Adaptado de Netter, 2000.

A medula controla o tronco e os membros (movimentos motores) e deles recebe informação sensorial. Isso ocorre por meio dos 31 pares de nervos espinhais. Cada nervo espinhal, quando está próximo à medula, divide-se em duas raízes: dorsal e ventral. A **raiz dorsal** se insere no corno posterior e contém fibras aferentes. Mais ao longo da raiz dorsal está o gânglio dorsal, que abriga o corpo celular do nervo aferente. A **raiz ventral** é composta de fibras eferentes que saem do corno ventral. A substância branca é periférica, sendo que suas fibras cursam longitudinalmente à medula. O "caminho" da informação sensitiva do tronco e dos membros está nos tratos ascendentes ao encéfalo, e o curso da informação motora está nos tratos descendentes do encéfalo, que controlam a medula espinhal. Portanto, a medula espinhal conduz a "informação da pele, das articulações e dos músculos ao encéfalo, e deste para a pele, articulações e músculos" (Bear; Connors; Paradiso, 2002, p. 168).

### 1.2.6 O tronco encefálico

O tronco cerebral ou encefálico é composto pelo bulbo raquidiano (medula oblonga), a ponte e o mesencéfalo (cérebro médio). Trata-se de uma estrutura de fundamental importância, uma vez que contém diversos tratos de fibras ascendentes e descendentes e, portanto, é uma dupla via de passagem dessas fibras, que saem ou chegam ao encéfalo e passam pela medula espinhal. Assim, o tronco cerebral envia informações do cérebro até a medula espinhal e ao cerebelo e dessas estruturas ao cérebro.

Figura 1.5 – Vista lateral do tronco cerebral

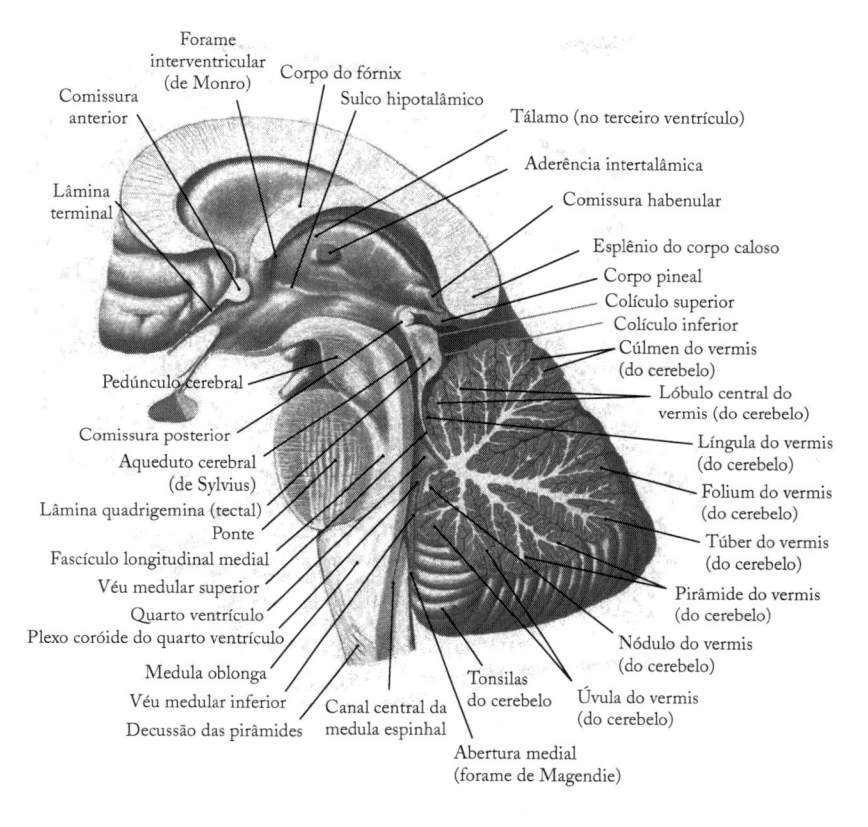

*(Figura anatômica com os seguintes rótulos:)*

- Comissura anterior
- Forame interventricular (de Monro)
- Corpo do fórnix
- Sulco hipotalâmico
- Tálamo (no terceiro ventrículo)
- Aderência intertalâmica
- Comissura habenular
- Lâmina terminal
- Esplênio do corpo caloso
- Corpo pineal
- Colículo superior
- Colículo inferior
- Cúlmen do vermis (do cerebelo)
- Pedúnculo cerebral
- Lóbulo central do vermis (do cerebelo)
- Comissura posterior
- Língula do vermis (do cerebelo)
- Aqueduto cerebral (de Sylvius)
- Folium do vermis (do cerebelo)
- Lâmina quadrigemina (tectal)
- Ponte
- Túber do vermis (do cerebelo)
- Fascículo longitudinal medial
- Véu medular superior
- Pirâmide do vermis (do cerebelo)
- Quarto ventrículo
- Plexo coróide do quarto ventrículo
- Nódulo do vermis (do cerebelo)
- Medula oblonga
- Tonsilas do cerebelo
- Véu medular inferior
- Úvula do vermis (do cerebelo)
- Canal central da medula espinhal
- Decussão das pirâmides
- Abertura medial (forame de Magendie)

Fonte: Netter, 2000.

O tronco cerebral é também o local onde se originam e onde terminam dez pares de nervos cranianos[7]. Os nervos cranianos totalizam 12 pares, mas dois deles (olfatório e ótico) têm sua origem e término acima do tronco cerebral. Ele também contém a formação reticular, "matriz complexa e heterogênea de neurônios" (Crossman; Neary, 2002, p. 89), cuja função é controlar o nível de consciência, a percepção de dor e a regulação dos sistemas cardiovasculares e respiratório. Como se conecta aos núcleos dos nervos cranianos, ao cerebelo, ao tronco cerebral e aos mecanis-

---

[7] Os nervos cranianos fazem a inervação da cabeça.

mos motores espinhais, a formação reticular também influencia os movimentos, o controle do tônus muscular e a postura. O tronco cerebral pode ser considerado o centro de controle das funções vitais.

O bulbo é contínuo com a medula e situa-se abaixo da ponte. O mesencéfalo situa-se acima da ponte. Ele é pequeno, e sua parte dorsal acomoda os colículos (inferiores e superiores) e o aqueduto cerebral. O cerebelo se prende ao tronco por meio de massas de fibras, laterais ao quarto ventrículo, os pedúnculos cerebelares (inferior médio e superior).

### 1.2.7 O cerebelo

O cerebelo fica na parte posterior do cérebro. Apesar de ser menor do que este, já se sabe que o cerebelo contém a mesma quantidade de neurônios que os dois hemisférios cerebrais juntos. Ele é formado por um córtex que contém substância cinzenta e massa central branca. O córtex é composto por fólios ou folhas cerebelares. A substância branca dos hemisférios cerebrais se conecta com o córtex cerebelar, e as informações são enviadas tanto dela para o cerebelo como deste para ela.

Gazzaniga e Heathernon (2005, p. 123) explicam que

> *O cerebelo é extremamente importante para a função motora adequada. Lesões nos pequenos núcleos da base provocam inclinação da cabeça, problemas de equilíbrio e perda da compensação regular da posição dos olhos para o movimento da cabeça. Lesões na crista que corre na parte posterior afetam o caminhar. Lesões nos lobos que se projetam em cada lado provocam a perda da coordenação dos membros. O papel mais óbvio do cerebelo é na aprendizagem motora. Ele parece ser "treinado" pelo restante do sistema nervoso e opera*

*de modo independente e inconsciente. O cerebelo nos permite andar de bicicleta sem esforço enquanto pensamos no que comeremos no almoço. Imagens funcionais, todavia, indicam um papel mais amplo para o cerebelo, sugerindo que ele pode estar envolvido na atividade psicológica "automática".*

Por intermédio de suas várias conexões com o cérebro e a medula espinhal, o cerebelo tem a função de auxiliar no controle do movimento. O controle do corpo através do cerebelo é ipsilateral, ou seja, o lado esquerdo do cerebelo (hemisfério cerebelar esquerdo) controla o lado esquerdo do corpo, e o lado direito do cerebelo (hemisfério cerebelar direito) controla os movimentos do lado direito.

### 1.2.8 Os nervos cranianos

No sistema nervoso encontramos os nervos espinhais, que se originam na medula espinhal, e os nervos cranianos, que se originam no tronco encefálico. Os nervos cranianos são organizados em 12 pares e inervam principalmente a cabeça, conectando-a com estruturas periféricas na cabeça ou no pescoço. Eles podem compor parte do SNC, ou parte do SNP somático, ou o SNA. Tem divisões complexas e diferentes funções. Por esses nervos passam fibras aferentes ou eferentes.

Figura 1.6 – Representação dos nervos cranianos e das estruturas inervadas por eles

(I) **Nervo olfatório**

(II) **Nervo óptico**

(III) **Nervo oculomotor**
Músculo ciliar, esfíncter da pupila e todos os músculos extrínsecos do olho, exceto os músculos oblíquio superior e reto lateral.

(IV) **Nervo troclear**
Músculo oblíquo superior.

(V) **Nervo trigêmeo**
Sensitivo: face, seios paranasais, dentes.

(VI) **Abducente**
Músculo reto lateral.

(VII) **Nervo facial**
Músculos da face.

(VIII) **Vestibulococleares**
Coclear e vestíbulo.

(IX) **Nervo glossofaríngeo**
Sensitivo – ⅓ posterior da língua, tonsila, faringe, ouvido médio.

(X) **Nervo vago**
Motor: coração, pulmões, palato, faringe, laringe, traqueia, brônquios, trato GI.

(XI) **Nervo acessório**
Músculos esternocleidomastoideo e trapézio.

(XII) **Hipoglosso**
Músculos da língua; feixes musculares pela alça cervical.

Fonte: Netter, 2000.

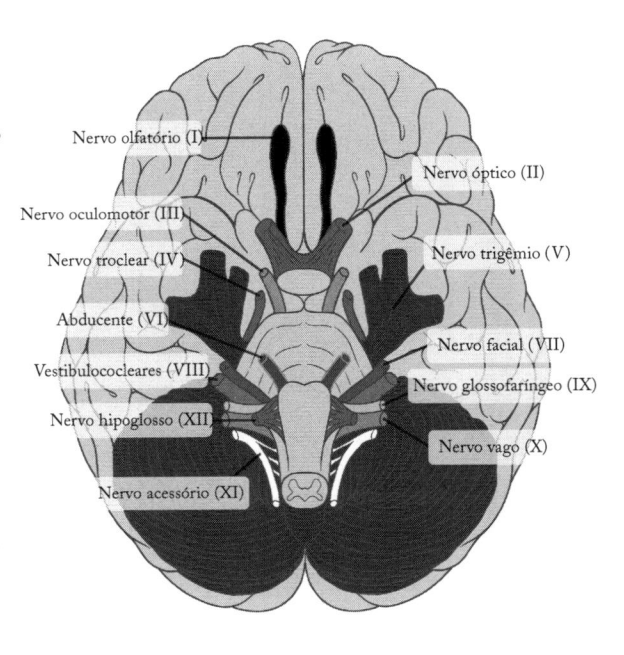

Os dois primeiros pares de nervos cranianos não se originam no tronco cerebral. O nervo olfatório, primeiro par (I), é responsável pelo sentido do olfato e o nervo ótico, segundo par (II), é responsável pelo sentido da visão. O nervo oculomotor, terceiro par (III), realiza os movimentos dos olhos e das pálpebras e o controle parassimpático do tamanho da pupila (reflexo pupilar à luz). O nervo troclear, quarto par (IV), e o nervo abducente, sexto par (VI), também realizam os movimentos oculares. O nervo trigêmeo, quinto par (V), é responsável pela sensibilidade da face e pelo movimento de mastigação. O nervo facial, sétimo par (VII), realiza os movimentos dos músculos que fazem a expressão facial e é responsável pelo paladar nos dois terços anteriores da língua. O nervo vestíbulo-coclear, oitavo par (VIII), é responsável pelos sentidos da audição e do equilíbrio. O nervo glossofaríngeo, nono par (IX), faz os movimentos dos músculos da faringe e da laringe, controla as glândulas salivares por meio da divisão parassimpática do SNA, realiza o paladar no terço posterior da língua e faz a detecção de mudanças na pressão arterial da aorta. O nervo vago, décimo par (X), controla o coração, os pulmões e os órgãos abdominais por meio da divisão parassimpática do SNA e é responsável pela dor visceral e pelos movimentos dos músculos da laringe e da faringe. O nervo acessório, décimo primeiro par (XI), faz o movimento dos músculos da faringe, da laringe e da região cervical. O nervo hipoglosso, décimo segundo par (XII), realiza os movimentos da língua.

### 1.2.9 As meninges

As meninges são classificadas em dura-máter, aracnoide-máter e pia-máter. São membranas que revestem o cérebro e a medula espinhal. A mais externa e mais resistente é a **dura-máter**, composta de dois folhetos. A foice do cérebro é derivada do folheto interno da dura-máter, dividindo o cérebro em hemisférios direito e esquerdo. Ela se distribui ao longo da fissura longitudinal, terminando no corpo caloso. A foice na sua parte posterior se divide na tenda do cerebelo, separando a parte posterior do cérebro dos hemisférios cerebrais.

Figura 1.7 – Meninges

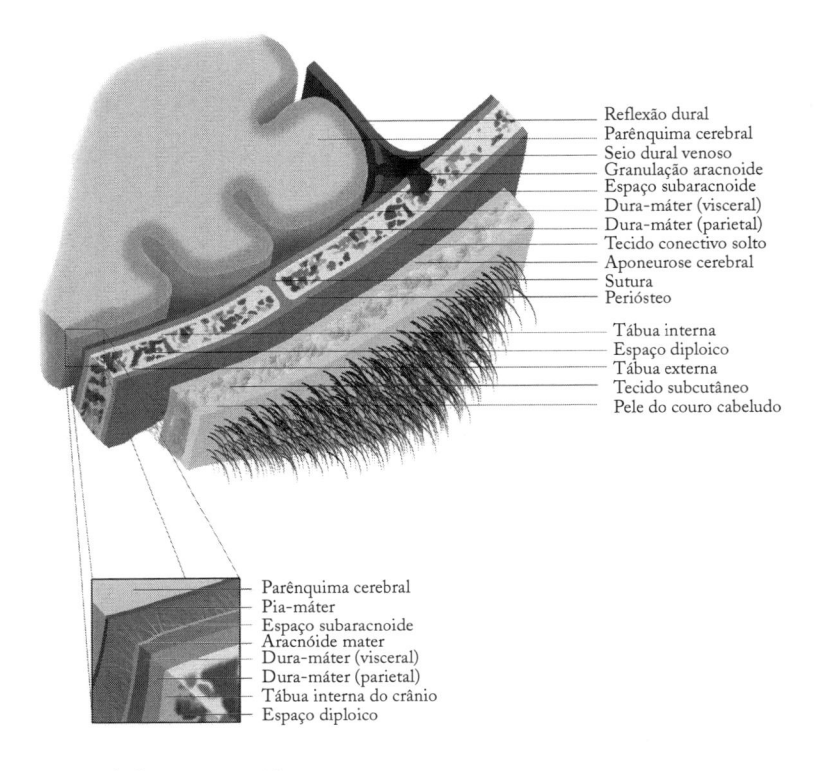

- Reflexão dural
- Parênquima cerebral
- Seio dural venoso
- Granulação aracnoide
- Espaço subaracnoide
- Dura-máter (visceral)
- Dura-máter (parietal)
- Tecido conectivo solto
- Aponeurose cerebral
- Sutura
- Periósteo
- Tábua interna
- Espaço diploico
- Tábua externa
- Tecido subcutâneo
- Pele do couro cabeludo

- Parênquima cerebral
- Pia-máter
- Espaço subaracnoide
- Aracnóide mater
- Dura-máter (visceral)
- Dura-máter (parietal)
- Tábua interna do crânio
- Espaço diploico

Fonte: Aula de anatomia, 2014.

A **aracnoide-máter** é uma membrana mais fina e delicada. Está situada mais internamente à dura-máter. Abaixo dela situa-se o espaço subaracnóideo, onde circula o líquor cefalorraquidiano. A mais interna, aderida ao parênquima cerebral, é a **pia-máter**.

### 1.2.10 O sistema ventricular

O canal central da medula ascende ao encéfalo e abre-se pela parte de cima do bulbo, formando o IV ventrículo. A borda de trás da ponte e as paredes do IV ventrículo convergem em um tubo estreito, que é o aqueduto cerebral. Ele passa por dentro do mesencéfalo e por baixo dos colículos superiores e inferiores. No final do mesencéfalo o aqueduto se abre, formando o III ventrículo, cujas paredes laterais são formadas pelo diencéfalo (tálamo).

Figura 1.8 – Sistema ventricular humano

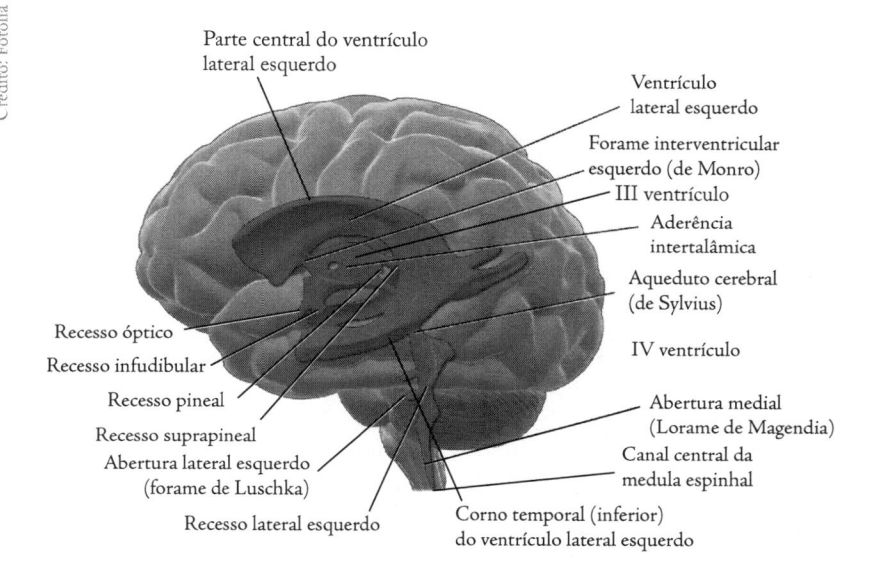

- Parte central do ventrículo lateral esquerdo
- Ventrículo lateral esquerdo
- Forame interventricular esquerdo (de Monro)
- III ventrículo
- Aderência intertalâmica
- Aqueduto cerebral (de Sylvius)
- Recesso óptico
- Recesso infudibular
- IV ventrículo
- Recesso pineal
- Recesso suprapineal
- Abertura medial (Lorame de Magendia)
- Abertura lateral esquerdo (forame de Luschka)
- Canal central da medula espinhal
- Recesso lateral esquerdo
- Corno temporal (inferior) do ventrículo lateral esquerdo

Fonte: Netter, 2000.

O forame interventricular, ou forame de Monro, realiza a comunicação com os ventrículos laterais, uma grande câmara situada em cada hemisfério cerebral.

### 1.2.11 O diencéfalo

O diencéfalo e os hemisférios cerebrais (prosencéfalo) se situam acima do tronco. O III ventrículo separa o diencéfalo, o qual é formado pelas seguintes estruturas: epitálamo, tálamo, subtálamo e hipotálamo.

O **epitálamo** acomoda a glândula pineal. O **tálamo** é o maior componente do diencéfalo e forma as paredes laterais do III ventrículo. É dividido em numerosos núcleos de onde saem fibras de projeção para o córtex: "com exceção de certas áreas do lobo temporal, todo o neocórtex e o corpo estriado recebem fibras específicas do tálamo" (Bowsher, citado por Walsh e Darby, 1999, p. 46, tradução nossa). O tálamo participa da projeção da informação sensorial, controla a atividade elétrica do córtex e auxilia a integração das funções motoras por meio de conexões com o cerebelo e com certas partes dos gânglios basais, estruturas que influenciam o córtex motor.

O **hipotálamo** forma as paredes e o assoalho do III ventrículo. Participa do controle neuroendócrino, bem como do sistema nervoso autônomo (SNA), e está relacionado com diversas funções, como "emoções, sono, regulação da temperatura, fome e sede" (Walsh; Darby, 1999, p. 48, tradução nossa). Através da haste hipofisária, a hipófise está conectada ao hipotálamo.

### 1.2.12 Os gânglios da base

No interior dos hemisférios cerebrais existem porções de substância branca chamadas *gânglios da base* ou *corpo estriado*, compostas pelas seguintes estruturas: núcleo caudado, putâmen, globo pálido e amígdala.

A **amígdala** tem uma derivação embrionária semelhante, mas sua função é diferente. Ela faz parte do sistema límbico. Pensando de acordo com a anatomia e em relação à sua função, o corpo estriado compreende o globo pálido, o núcleo caudado e o putâmen. Essas estruturas participam no controle da postura e dos movimentos. O corpo estriado está conectado com o diencéfalo (tálamo e núcleo subtalâmico) e com o mesencéfalo (substância negra), no tronco cerebral.

Figura 1.9 – Gânglios da base

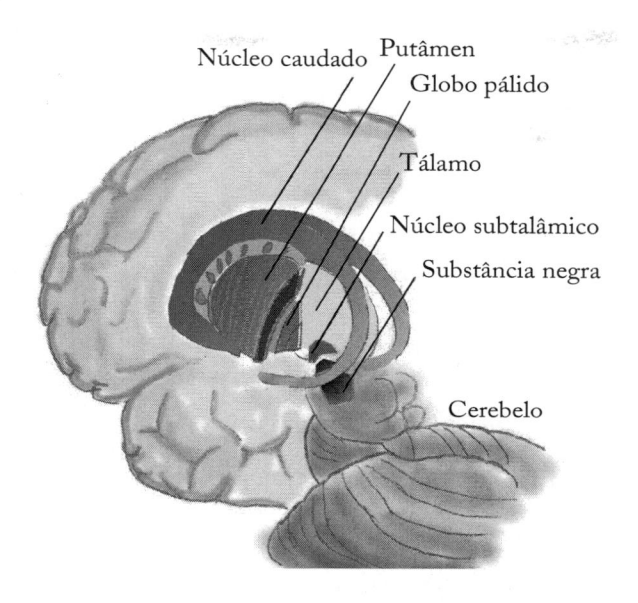

Núcleo caudado
Putâmen
Globo pálido
Tálamo
Núcleo subtalâmico
Substância negra
Cerebelo

Fonte: Bioeducafísica, 2010.

O conjunto putâmen e globo pálido é caracterizado como *núcleo lentiforme*, pois lembra uma lentilha ou uma castanha-do-pará. O **globo pálido** é a estrutura mais antiga do corpo estriado, podendo ser chamado de *paleoestriado*. O **putâmen** é relacionado, de forma filogenética, ao **núcleo caudado**. Os dois formam o chamado *neoestriado*, estrutura filogeneticamente mais nova; são quase totalmente separados pela cápsula interna – uma densa lâmina de substância branca (Crossman; Neary, 2002, p. 19). Ambos apresentam semelhanças tanto em relação aos neurônios que os constituem quanto em relação à sua função. Eles formam o núcleo *accumbens*, que tem conexões com o sistema límbico. Em relação à anatomia funcional, o núcleo caudado e o putâmen são referidos em conjunto como *estriado*, por causa de suas conexões e sistemas de neurotransmissores comuns. É a área de *input*, aferência do encéfalo para o corpo estriado. O caudado e o putâmen são as entradas do corpo estriado. Recebem aferentes do córtex, dos núcleos talâmicos e da parte compacta da substância negra. As eferências (*outputs*) levam os impulsos nervosos do núcleo caudado e do putâmen para outras estruturas, que são o globo pálido e a parte reticulada da substância negra.

Atualmente, entende-se que a função dos gânglios da base é "facilitar o comportamento e os movimentos que são necessários e apropriados em determinado contexto, e a de inibir os movimentos indesejados e inapropriados" (Crossman; Neary, 2002, p. 157). Quando um movimento é iniciado pelo córtex cerebral, os impulsos são transmitidos, não apenas pelas vias córtico-espinhais/bulbares, mas também pela via córtico-estriada. O estriado desempenha sua função por duas vias: uma que facilita os movimentos que estão acontecendo e a outra que inibe os movimentos que não devem ocorrer naquele momento.

### 1.2.13 Os hemisférios cerebrais

Os hemisférios cerebrais ocupam a maior parte do encéfalo e, como o cerebelo, apresentam um córtex de substância cinzenta e uma massa interna de substância branca. A fissura longitudinal separa os hemisférios cerebrais e contém a foice do cérebro (lâmina da dura-máter).

O corpo caloso, que é um espesso feixe de fibras comissurais (com curso transverso), conecta as informações entre os dois hemisférios cerebrais.

A área da superfície do córtex chega a um metro quadrado, pois seus giros (convoluções) e sulcos (depressões) fazem com que haja mais tecido cerebral. A fissura lateral é uma fenda profunda, situada na superfície lateral dos hemisférios cerebrais, separando os hemisférios em quatro lobos, os quais são especificados pelos ossos do crânio adjacentes. Há um quinto lobo, o lobo límbico, descrito mais adiante.

Figura 1.11 – Vista lateral do hemisfério esquerdo

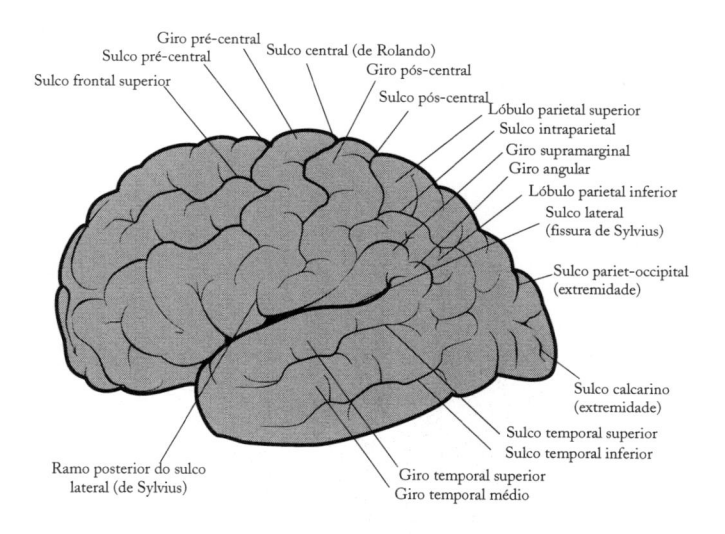

Fonte: Netter, 2000.

O **lobo frontal** está na parte mais anterior dos hemisférios. Contém o sulco central na borda posterior e estende-se como fenda da fissura longitudinal à fissura lateral. Nele está o giro pré-central, à frente do sulco central, que contém o córtex motor primário. O córtex motor primário, que está situado no giro pré-central, caracteriza a área motora primária. Esse córtex representa as funções motoras da metade oposta (contralateral) do corpo.

O **lobo parietal** é posterior ao sulco central, separando-se do lobo temporal pela fissura lateral. O giro pós-central ou córtex sensorial primário situa-se logo após o sulco central. Faz a interpretação consciente (ou seja, através dele temos a sensibilidade) do tato, da dor, da pressão e da temperatura do hemicorpo oposto (contralateral). O córtex auditivo primário está no **lobo temporal**, no giro temporal superior.

O **lobo occipital** está na parte posterior dos hemisférios cerebrais. O sulco parieto-occipital é bem definido na face medial dos hemisférios, mas pouco distinto na face lateral. Abriga o córtex visual, ocupando principalmente a face medial, abaixo do sulco calcarino.

A coroa radiada contém as fibras aferentes e eferentes que passam entre as estruturas do diencéfalo. Quando se confluem, formam uma lâmina espessa de substância branca, chamada *cápsula interna*.

Se cortássemos o corpo caloso (conjunto de fibras que conectam os dois hemisférios cerebrais), veríamos a face medial dos hemisférios. O corpo caloso tem mais ou menos 8 cm de comprimento. O sulco caloso separa o corpo caloso do giro do cíngulo, que está em volta e acima deste.

A parte interior dos hemisférios é composta pela superfície orbital do lobo frontal e pela parte posterior, que corresponde às superfícies interiores dos lobos temporal e occipital.

Na face medial dos hemisférios encontramos um conjunto de estruturas em forma de anel que se localizam em torno da parte anterior do tronco cerebral e das comissuras (corpo caloso e comissura anterior) que unem os hemisférios. É o **lobo límbico**, composto pelo giro do cíngulo, giro parahipocampal, giro subcaloso, formação hipocampal e giro denteado, além de outras estruturas. É uma região que contém numerosos circuitos relacionados a diferentes funções.

Geralmente as estruturas cerebrais são dispostas em pares, uma em cada hemisfério. Ambos os hemisférios, direito e esquerdo, trabalham juntos constantemente para "realizar" e "gerenciar" o funcionamento cerebral (Fernandez; Goldberg; Michelon, 2013,

p. 19, tradução nossa). O **hemisfério esquerdo** faz o processamento linear dos estímulos que são apresentados de forma sequencial, tais como: afirmações verbais, proposições matemáticas e programação de sequências motoras rápidas. Já o **hemisfério direito** processa as informações na sua configuração, quando o material que está sendo processado não pode ser traduzido em palavras ou sequências de símbolos. Assim, o hemisfério direito processa o reconhecimento de rostos e as relações espaciais tridimensionais, enquanto o hemisfério esquerdo processa os detalhes e está mais relacionado às informações familiares. O hemisfério direito processa o todo e está mais adaptado para lidar com informações novas. Para se chegar ao significado e à interpretação de uma informação, o cérebro utiliza os dois hemisférios.

Afirmar que o hemisfério esquerdo é dominante para a linguagem significa que os estímulos podem ser traduzidos verbalmente, dependendo do seu significado, de sua familiaridade, de seu potencial para excitação afetiva e outras características. O hemisfério esquerdo apresenta-se como um mediador das funções verbais, que compreendem a escrita, a leitura, a compreensão, o discurso, a ideação e a memória verbal. Além disso, faz a mediação do sistema simbólico numérico e é responsável pelo controle da postura e da sequenciação dos movimentos da mão e do braço. Mesmo com o envolvimento de estruturas bilaterais, ele controla a musculatura do discurso. Além disso, processa a informação auditiva, que muda rapidamente, para que seja possível a compreensão da fala.

Entretanto, a compreensão do discurso e do material escrito requer contribuições do hemisfério direito, que realiza a integração da prosódia e do material narrativo, como a capacidade de entender uma piada. O hemisfério direito também consegue chegar a significados alternativos, nas entrelinhas, que, vão além da interpretação literal do material verbal. A observação de exames de imagem funcional mostra que quando uma pessoa lê, há maior ativação do hemisfério esquerdo, mas, como compreende componentes visuoespaciais, o hemisfério direito também é utilizado.

Segundo Lezak (2004, p. 56, tradução nossa),

> *Em contraste com a habilidade de processamento rápido e automático das palavras impressas pelo hemisfério esquerdo intacto, o hemisfério direito saudável tem uma aproximação lenta e ineficiente letra a letra, o que pode ser útil quando as formas das palavras não são familiares. O hemisfério direito parece ter uma leitura léxica, mas o hemisfério esquerdo, mais hábil verbalmente, normalmente bloqueia o acesso a isso para que o conhecimento das palavras do hemisfério direito torne-se evidente apenas através de manipulação em laboratório ou quando há dano do hemisfério esquerdo.*

O hemisfério direito é sensível às entonações do discurso (prosódia) e ao reconhecimento da voz e, por meio das contribuições do lobo temporal e da área pré-frontal, organiza a produção verbal de modo conceitual, auxiliando a compreensão do significado de histórias. O hemisfério direito também faz com que o comportamento seja apropriado ao contexto específico. Além de tudo isso, ele processa a informação que não é prontamente verbalizada, realizando a recepção e o armazenamento de dados visuais, o reconhecimento tátil e visual de formas, a percepção de orientação espacial e de perspectiva e o desenho de figuras geométricas.

O processamento da informação espacial é realizado pelos dois hemisférios. O hemisfério esquerdo julga as distâncias métricas, e o direito os ângulos. Para os cálculos aritméticos, o hemisfério direito organiza os elementos espacialmente, enquanto o esquerdo se ocupa do processamento dos problemas aritméticos, como as equações lineares.

O hemisfério direito tem papel no processamento de alguns aspectos da música: a habilidade de reconhecer e discriminar sons não verbais. Ele é também mais habilitado para distinguir odores.

## 1.2.14 O sistema límbico

Para que possamos garantir nossa sobrevivência, precisamos apresentar comportamentos adaptativos. O sistema límbico é um conjunto de estruturas, ligadas ao hipotálamo, que nos auxiliam na produção desses comportamentos. Assim, podemos utilizar os conhecimentos armazenados em nossa memória, toda sorte de informações adquiridas previamente, para solucionar problemas e para aprender novas informações.

O comportamento humano, complexo e não estereotipado, é uma tentativa de preservação da espécie, tanto no meio físico como no meio social. Para que isso ocorra a contento, usamos as áreas de associação do córtex para analisar a informação que vem do ambiente externo (informação exteroceptiva) de modo a promover respostas sociais adaptativas. Mas precisamos "colorir com emoções" o que vivemos e saber o que representa perigo. Assim, quem faz o "meio de campo" entre o ambiente externo e o ambiente interno são o hipotálamo, o sistema límbico e o córtex de associação.

Figura 1.12 – Sistema límbico: estruturas principais

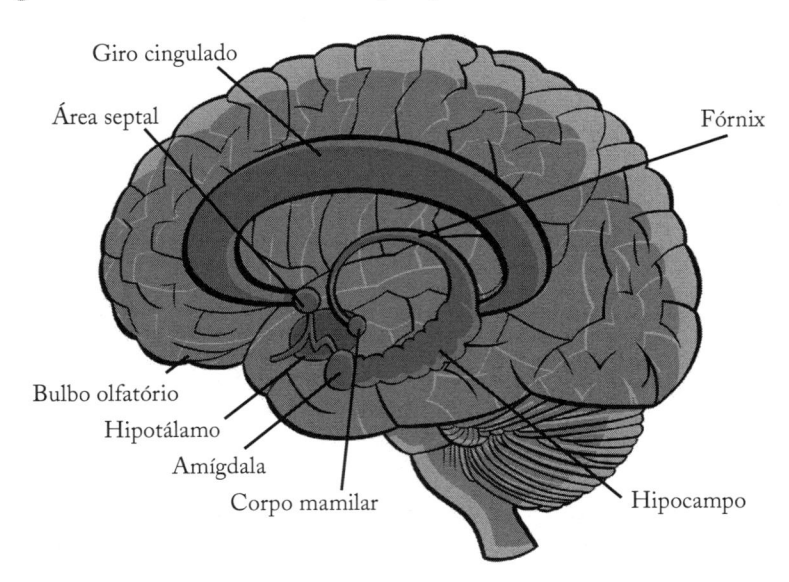

*Labels na figura:* Giro cingulado; Área septal; Fórnix; Bulbo olfatório; Hipotálamo; Amígdala; Corpo mamilar; Hipocampo

Crédito: Adriano Pinheiro

Fonte: Hendelman, 2000.

O hipotálamo realiza suas eferências através da circulação e dos neurônios. Tem uma estreita relação com a hipófise, sendo conectado a ela por meio de um sistema de vasos (sistema porta), controlando a síntese e liberação de hormônios. O hipotálamo também é conectado ao SNA, tendo ação nos órgãos internos, além de ser conectado ao sistema límbico e à parte límbica dos gânglios basais (mais especificamente o núcleo *accumbens*).

Em 1937, o neuroanatomista James Papez observou que o cérebro tinha circuitos que processavam as emoções. As respostas emocionais eram baseadas em uma série de estruturas: hipotálamo, tálamo anterior, giro do cíngulo e hipocampo. Algum tempo depois, o médico e neurocientista americano Paul MacLean (em 1949 e em 1952) nomeou essas estruturas como *circuito de Papez*. MacLean incluiu na rede neural das emoções a amígdala, o córtex orbitofrontal e porções dos gânglios basais. O sistema límbico então se tornou o "cérebro emocional" (Gazzaniga; Ivry; Mangun, 2009, p. 368). Entretanto, devemos nos lembrar de que a "emoção é um comportamento multifacetado que pode não ser capturado por uma única definição ou capturado em um único circuito ou sistema cerebral" (Gazzaniga; Ivry; Mangun, 2009, p. 369).

As informações chegam ao sistema límbico por meio da amígdala ou por meio da formação hipocampal (giro denteado e giro parahipocampal, todos no lobo temporal). A amígdala fornece uma conotação afetiva às experiências, principalmente aquelas importantes ao convívio social. A formação hipocampal nos ajuda a analisar o que estamos vivenciando a partir de nossas experiências prévias.

Figura 1.13 – Formação hipocampal

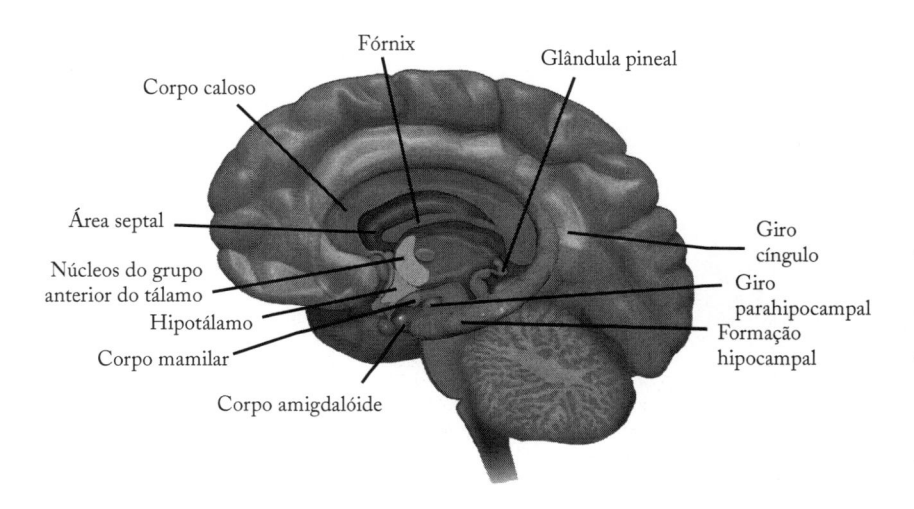

Fonte: Hendelman, 2000.

Os córtices primários (visão, audição, tato) captam as informações sensoriais, as quais são interpretadas no córtex associativo parieto-occipital (que tem função percepto-espacial). Esses dados são enviados aos córtices associativos frontais – responsáveis pelo comportamento planejado – e aos córtices associados. Aí seguem para os lobos temporais – que promovem o julgamento dessas informações, depois para o sistema límbico e, finalmente, para o hipotálamo. Portanto, o SNA fornece a resposta interna do organismo, os gânglios basais modulam as respostas motoras, e a amígdala é responsável pelo tom emocional das informações sensoriais.

## 1.2.15 O córtex cerebral

Na escala evolutiva, o córtex cerebral é a estrutura mais recente. É essencial e extremamente significante nos mamíferos. Nos humanos, ele é maior do que as outras estruturas. A importância do córtex cerebral é imensa para nós humanos porque "todos os sistemas que, no encéfalo, são responsáveis pelas sensações, percepções, movimentos voluntários, aprendizado, fala e cognição convergem neste notável órgão" (Bear; Connors; Paradiso, 2002, p. 193).

As células que constituem o córtex ou neocórtex cerebral são diferentes daquelas que constituem o hipocampo e o córtex olfativo, pois o córtex (neocórtex) conta com seis camadas de células. Além disso, "o neocórtex é encontrado apenas em mamíferos" (Bear; Connors; Paradiso, 2002, p. 195).

No início do século XX, o neuroanatomista alemão Korbinian Brodmann construiu um mapa citoarquitetônico do córtex. Ele observou as regiões que tinham células semelhantes e dividiu o córtex em áreas numeradas. Assim, a área 17 de Brodmann é o córtex visual primário, a área 4 é o córtex motor primário, e assim por diante.

Na década de 1970, o cientista Jon Kaas e seus alunos observaram que o neocórtex é constituído por três tipos de córtex: as áreas sensoriais primárias, as áreas sensoriais acessórias e as áreas motoras. As áreas sensoriais primárias são as que primeiro recebem os sinais das vias sensoriais ascendentes, enquanto as acessórias têm conexões com as primárias. As áreas motoras controlam o movimento voluntário. Bear, Connors e Paradiso (2002, p. 196-197) mencionam que "estas áreas corticais recebem aferências de núcleos talâmicos que trazem informação do telencéfalo[8] basal e do cerebelo, e enviam eferências a neurônios motores no tronco encefálico e na medula espinhal".

Figura 1.14 – Principais divisões do cérebro (encéfalo)

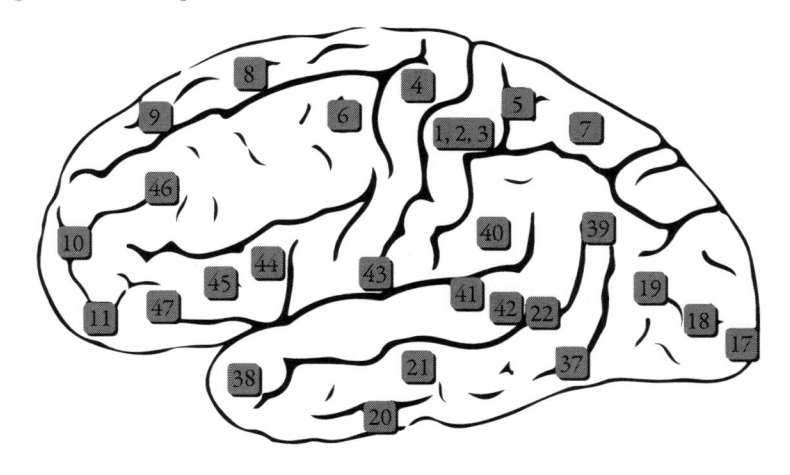

Fonte: O cérebro..., 2014.

Kaas e seus alunos observaram ainda que há outras áreas no cérebro, nos lobos frontal e temporal, que são as **áreas corticais de associação**. Assim, na escala evolutiva, nós, humanos, somos dotados da mente, "nossa habilidade única em interpretar o comportamento (o nosso próprio e o dos outros) em termos de estados mentais não observáveis, tais como desejos, intenções e crenças – correlacionam-se da melhor forma com a expansão do córtex cerebral" (Bear; Connors; Paradiso, 2002, p. 199).

---

8 O telencéfalo é composto pelo córtex cerebral, pela amígdala e pelo estriado.

As áreas funcionais do córtex são a área motora, a área sensorial, a área visual e a área auditiva. A área motora fica no giro pré-central e a sensorial, no giro pós-central. Em ambas encontramos a representação somatotópica, ou seja, a representação do corpo relativa às nossas sensações e aos nossos movimentos, observada em meados do século XX pelo neurocirurgião Wilder Penfield. A área visual se situa no lobo occipital, perto do sulco calcarino. No giro transverso de Heschl está a área auditiva primária. O restante do córtex, as regiões que ficam além do giro pós-central, são áreas que fazem a integração e a elaboração das informações sensoriais que chegam.

O neuropsicólogo russo Alexander Luria[9] (1973, citado por Walsh e Darby, 1999, tradução nossa) descreveu as áreas que se localizam além do sulco central em três áreas corticais, chamadas por ele de *zonas corticais*.

A zona primária normalmente é chamada *área de projeção primária*, modalidade-específica, processando informações sensoriais altamente diferenciadas: visuais, auditivas e corporais. As zonas primárias, além das células que processam a informação modalidade-específica, contêm outras células que têm por função a manutenção de um estado de alerta no córtex, o tom cortical (como chamado por Luria), que é "regulado pela formação reticular no tronco encefálico. [...] As zonas secundárias são as

---

9 Alexander Romanovich Luria graduou-se em Ciências Sociais em 1921 e depois em Medicina em 1937. Como era erudito e tinha grande interesse em psicologia, em 1924 foi convidado a participar do Instituto de Psicologia de Moscou. Concluiu o doutorado em Pedagogia em 1937 e em Ciências Médicas em 1943. Durante a Segunda Guerra Mundial foi o chefe de uma equipe de pesquisa no Hospital do Exército para desenvolver métodos de reabilitação de pessoas com lesão cerebral. Ele é considerado o pai da neuropsicologia porque trabalhou avaliando as funções cognitivas associadas às áreas cerebrais lesionadas. Contribuiu na formulação do conceito de neuroplasticidade, influenciando as neurociências, uma vez que considerava possível a reabilitação cognitiva baseada na modificação de neurônios por meio do contato com o ambiente (Kuzovleva, 1999; Oliveira; Rego, 2010).

áreas adjacentes às áreas de projeção primária onde a informação modalidade-específica é integrada em um todo com significado" (Walsh; Darby, 1999, p. 45, tradução nossa).

A sensação é processada pelas zonas primárias, e a percepção, pelas secundárias. Integrando a informação além das modalidades sensoriais estão as zonas terciárias. Nessas zonas se sobrepõem as áreas de associação dos lobos parietal, temporal e occipital, não sendo mais modalidade-específicas. Walsh e Darby (1999, p. 45, tradução nossa) esclarecem que "estas são as últimas porções do cérebro a amadurecer no desenvolvimento ontogenético, não atingindo o desenvolvimento completo até por volta dos sete anos de idade".

Portanto, por intermédio do córtex cerebral chegamos ao conhecimento consciente, ao pensamento, à memória e ao intelecto. É o lugar para onde vão as informações sensoriais (passando pelo tálamo) e onde elas são percebidas e interpretadas conscientemente, à luz de experiências prévias.

No córtex cerebral o sistema motor é representado – as ações motoras são programadas e iniciadas. O córtex ainda recebe a informação sensorial vinda do mundo externo, a qual chega às áreas sensoriais primárias do lobo parietal (somatossensorial), do lobo occipital (visão) e do lobo temporal (audição).

Nas zonas corticais acessórias, a informação é processada, ou seja, é identificada e interpretada por meio do tato, da visão e da audição. No córtex associativo, finalmente, ocorre o reconhecimento multimodal e espacial do ambiente externo. As partes mediais do hemisfério cerebral (sistema límbico) realizam o armazenamento e a recuperação da informação previamente processada pelas áreas primárias dos córtices somatossensorial, visual e auditivo.

## 1.2.16 Os lobos frontais

Os lobos frontais compreendem um terço da massa dos hemisférios cerebrais. Suas funções estão ligadas ao comportamento humano, "especialmente no que diz respeito à regulação das atividades complexas" (Walsh; Darby, 1999, p. 117, tradução nossa).

Os lobos frontais estão relacionados com a organização dos movimentos (área motora primária, área pré-motora e área motora suplementar) e com a programação dos comportamentos motores complexos (área pré-frontal). Na maioria dos indivíduos, as áreas associativas do córtex frontal, parietal e temporal do hemisfério esquerdo realizam a compreensão e a expressão da linguagem. Por isso, o hemisfério esquerdo é dominante para a linguagem. A área pré-frontal dos lobos frontais é responsável pelo pensamento, pelas funções executivas centrais (planejamento, iniciativa, execução, autorregulação, *feedback* e memória de trabalho) e pela execução motora.

Figura 1.15 – Lobos cerebrais

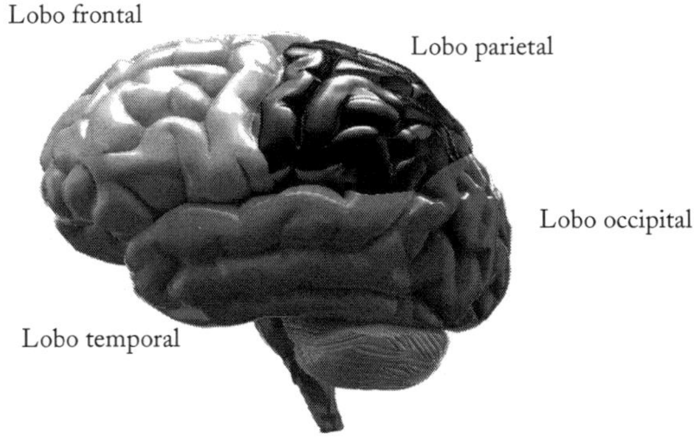

Lobo frontal
Lobo parietal
Lobo occipital
Lobo temporal

Fonte: O cérebro..., 2014.

Localizando-se na parte anterior ao sulco central, os lobos frontais são divididos em quatro partes: área motora (no giro pré-central); área pré-motora (anterior à área motora, área 6 e parte da área 8 de Brodmann); área pré-frontal (áreas de Brodmann 9, 10, 45 e 46); e área motora suplementar (áreas de Brodmann 9 a 13, 24, 32). No meio da superfície dorsolateral está o campo orbital frontal, responsável pelo movimento contralateral dos olhos e pela mediação dos movimentos oculares voluntários e involuntários, recebendo informação da área pré-frontal e enviando-a para o sistema motor. As eferências do lobo frontal vão para o tálamo e para outras estruturas. As aferências chegam ao córtex frontal através das radiações tálamo-frontais.

Walsh e Darby (1999, p. 119, tradução nossa) afirmam que

> *Através do primeiro conjunto de conexões [tronco cerebral e tálamo], as áreas pré-frontais, particularmente as partes basais e mediais dos lobos, estão profundamente ocupadas com o estado de alerta do organismo, enquanto as ricas conexões com as áreas receptoras posteriores e o córtex motor permitem às regiões laterais pré-frontais organizarem e executarem as atividades com propósito ou objetivo-dirigidas mais complexas do homem.*

Segundo Luria (citado por Walsh e Darby, 1999, tradução nossa), os lobos frontais funcionam como zonas terciárias para o sistema límbico e para o sistema motor e conectam-se com as partes mais altas do tronco cerebral, com o tálamo e com outras zonas corticais.

## 1.2.17 Os lobos temporais

Sua organização complexa está relacionada com os sistemas sensoriais do olfato e da audição. Os lobos temporais tomam parte no processamento da visão, integrando a percepção visual com a informação vinda de outros sistemas sensoriais em uma experiência única relativa ao meio que nos cerca. Eles executam função primordial na memória. Estão conectados com o sistema límbico, integrando "aspectos emocionais e motivacionais do organismo" (Walsh; Darby, 1999, p. 179, tradução nossa). Por meio da informação advinda de todos os sistemas sensoriais e das conexões com os lobos frontais, eles auxiliam no planejamento das ações.

### 1.2.18 Os lobos parietais

Os lobos parietais estão situados entre os lobos frontais, occipitais e temporais e são relacionados às funções dessas regiões. Por isso, nos lobos parietais ocorre a percepção somatossensorial, enquanto nas porções posteriores ocorre a integração da informação visual e somatoespacial. Em relação à percepção somatossensorial, o hemisfério direito recebe as informações sensoriais do lado esquerdo do corpo e o hemisfério esquerdo recebe as informações sensoriais do lado direito do corpo. Cada giro pós-central contém a representação somatotópica do corpo (em relação à sensibilidade: tato, dor, pressão e temperatura). O lobo parietal também nos possibilita ter noção de espaço, ou seja, ele "é muito importante para perceber a configuração espacial do ambiente e para se mover nele efetivamente" (Gazzaniga; Heatherton, 2005, p. 134).

### 1.2.19 Os lobos occipitais

Se olharmos para os lobos occipitais pela divisão citoarquitetônica de Brodmann (ver Figura 1.14), veremos que sua função de processamento visual é relacionada a diferentes áreas desses lobos. A área 17 circunscreve o córtex visual primário. A área 18 é uma área sensorial secundária, que elabora e sintetiza a informação visual. A área 19 tem conexões com outras regiões dos hemisférios e, assim, realiza a integração da informação visual tanto com a informação auditiva quanto com a informação advinda de outros sistemas sensoriais. Ademais, ela une a informação visual com o sistema da linguagem e as funções executivas. As conexões da área 19 com o córtex temporal são relativas à memória visual.

Quadro 1.1– Estruturas e funções cerebrais

| Funções cerebrais | Estruturas cerebrais primariamente envolvidas |
|---|---|
| Percepção | Visão: lobos occipitais e temporais<br>Audição, olfato e paladar: lobos temporais<br>Tato: lobos parietais |
| Atenção | Lobos parietais |
| Memória | Todo o córtex e o hipocampo |
| Funções motoras | Lobos frontais |
| Linguagem e processamento auditivo | Lobos temporais, parietais e frontais |
| Processamento complexo visual e espacial | Processamento visual: principalmente os lobos occipitais (com auxílio dos lobos temporais e parietais)<br>Processamento espacial: lobos parietais |
| Funções executivas | Lobos frontais |

Fonte: Fernandez; Goldberg; Michelon, 2013, p. 22-23, tradução nossa.

### 1.2.20 Como o cérebro funciona?

Os neurônios trocam informações e se conectam, formando grandes grupos que trabalham como redes.

Fernandez, Goldberg e Michelon (2013, p. 19, tradução nossa) explicam que

> Se repetidamente estimularmos uma rede que é responsável por determinada função mediante treino e prática, ela vai sendo fortalecida, otimizando a rede neuronal. Entretanto, se ela for pouco ativada, as conexões vão se enfraquecendo e acabam morrendo.

*Por exemplo, mover sua mão para virar a página é possível porque toda uma rede de neurônios responsável por este comando começou a disparar conjuntamente nos seus lobos frontais quando você decide fazer isso. Do mesmo modo, quando você tenta se lembrar do que você fez na manhã da última segunda-feira, redes de neurônios nos lobos temporais e frontais começaram a disparar e a trocar informação.*

As redes de neurônios funcionam seguindo o princípio de que as células que disparam juntas se conectam juntas. Esse princípio é conhecido como *lei de Hebb*. Os neurônios que se ativam ao mesmo tempo se associam e se conectam uns com os outros. Quanto mais ativadas forem essas redes de neurônios, mais os neurônios vão disparar juntos e mais fortes se tornarão as conexões.

Eis aqui o fundamento do treino cerebral (treino cognitivo). Se repetidamente estimularmos uma rede que é responsável por determinada função mediante treino e prática, ela vai sendo fortalecida, otimizando a rede neuronal. Entretanto, se ela for pouco ativada, as conexões vão se enfraquecendo e acabam morrendo. É a ideia de "use ou perca", conforme Fernandez, Goldberg e Michelon (2013, p. 19, tradução nossa), que concluem (p. 21):

> *nossos pensamentos, sentimentos, e ações dependem de diversas habilidades e funções cognitivas e emocionais, como a atenção e a memória de trabalho. Essas funções cerebrais*

*são apoiadas por redes de neurônios interconectados, que são ligados em conjunto dependendo da frequência com que esses neurônios disparam ao mesmo tempo.*

# 1.3
Introdução à neuroplasticidade

Hoje o termo *plasticidade* é comumente utilizado. O cérebro estático do passado, baseado em localização, no qual cada lugar geraria um tipo de comportamento, não existe mais, pois, segundo Mello, Miranda e Muszkat (2006, p. 28), temos "50.000 genes associados ao cérebro", genes que, por sua vez, estão associados a trilhões de sinapses que sofrem a influência ambiental. Sabemos que o cérebro tem potencial para mudar, bem como para melhorar suas funções, durante toda a vida.

A plasticidade está associada ao **desenvolvimento humano** e à **aprendizagem**. Mello, Miranda e Muszkat (2006, p. 28) afirmam que "desenvolver, no sentido cognitivo e orgânico, significa estabelecer uma relação de aprendizagem, uma relação de troca e comunicação intensa entre o organismo e o meio ambiente no qual este mesmo organismo vive e para o qual se direciona".

Nessa troca com o ambiente, o organismo se modifica, modificando também suas conexões (sinapses), influenciado pelos estímulos sensoriais, chegando aos "desafios adaptativos" (Mello; Miranda; Muszkat, 2006, p. 28) impostos pelo desenvolvimento das funções cognitivas complexas, como linguagem e memória.

Para Mello, Miranda e Muszkat (2006, p. 29),

*A aprendizagem envolve crescimento e formação de novas conexões sinápticas, crescimento de espículas dendríticas,*

> *mudança de conformação de macroproteínas das membranas pós-sinápticas, aumento dos neurotransmissores e neuromoduladores e aumento das áreas sinápticas funcionais. Estas etapas ocorrem durante todas as fases, desde o registro e aquisição da informação até seu armazenamento e evocação (memória). Assim, falar em desenvolvimento é falar em aprendizagem e em plasticidade cerebral, isto é, em mudança de padrões cerebrais pela experiência; é entender de que maneira o binômio cérebro-meio ambiente estabelece um aprendizado unificado, uma via de duas mãos em que o desenvolvimento do próprio substrato neurobiológico depende de sua contextualização.*

O crescimento e o aprendizado dependem do funcionamento do cérebro de modo íntegro, com as funções cognitivas intactas, sendo capaz de se adaptar pela flexibilidade. As interações com o meio ambiente (interno e externo), ou mesmo os danos neuronais, requerem adaptação. Para se adaptar, o sistema nervoso modifica sua estrutura e função, independente da fase de desenvolvimento em que estiver.

Mello, Miranda e Muszkat (2006, p. 20) destacam que

> *A plasticidade cerebral é multidimensional, enquanto processo dinâmico que delimita as relações entre estrutura e função, enquanto resposta adaptativa, impulsionada por desafios do meio ou lesões, e também como estrutura organizacional intrínseca do cérebro que se mantém ativa, em diferentes graus, durante toda a vida, inclusive na velhice.*

Sabemos que a experiência altera a organização cerebral. Isso ocorre em razão da neuroplasticidade, que é a capacidade que o nosso cérebro tem de mudar e de se reconectar quando entra em contato com estímulos e experiências, por toda a vida. Com isso, o cérebro é capaz de criar novos neurônios (neurogênese) e novas conexões entre os neurônios (sinaptogênese).

A plasticidade pode modificar os neurotransmissores e os neuromoduladores durante o crescimento e o desenvolvimento (nível neuroquímico), as sinapses (nível hedológico) e as estratégias cognitivas para enfrentamento dos desafios adaptativos (nível comportamental). Dependendo de sua maturação e do estágio de desenvolvimento em que se encontra, o cérebro pode ter mais ou menos potencial para a plasticidade em um determinado nível.

O cérebro do recém-nascido ainda não está totalmente desenvolvido; à medida que se desenvolve, vai estabelecendo novas conexões. As funções cerebrais vão se desenvolvendo e se especializando, de modo progressivo, durante a infância, a adolescência e ao longo da vida. Quando o cérebro é jovem, a neuroplasticidade possibilita a aprendizagem rápida e, se houver necessidade de reparar algum dano, a reparação será potencialmente mais rápida. Com o passar dos anos, não há mais tanto potencial para neuroplasticidade, mas ela ainda ocorre. Zull, citado por Fernandez, Goldberg e Michelon (2013, p. 24, tradução nossa), justifica: "Nós sabemos que cada cérebro pode mudar, em qualquer idade. Não há limite máximo para a aprendizagem desde que os neurônios parecem ser capazes de estabelecer novas conexões quando são usados repetidamente".

O desenvolvimento da criança está relacionado ao crescimento dos neurônios, à sua mielinização, ao desenvolvimento pré-natal e à experiência, a qual faz com que as sinapses reorganizem seus padrões. Se ocorrer uma lesão cerebral, o curso da maturação cerebral é modificado.

O ambiente está constantemente exigindo do cérebro que use sua flexibilidade cognitiva para se adaptar, causando modificações nos neurônios, nas sinapses, nos neurotransmissores e no comportamento. Assim, a estimulação ambiental é crucial para o desenvolvimento.

Em 1949, o psicólogo canadense Donald Hebb demonstrou que "existe íntima relação entre as alterações nas sinapses e a flexibilidade cognitiva observada em estudos clínicos e comportamentais" (Mello; Miranda; Muszkat, 2006, p. 30). Vários estudos demonstram que um ambiente rico em estímulos visuais e motores influencia no aumento da arborização dendrítica, mesmo após lesão cerebral (Michel, 1998; Johnson, 1993; Hubel; Wiesel, 1965; Michel, 2001; Trevarthen; Aitken, 2001; Wang; Koprivica; Lim, 2002, citados por Mello; Miranda; Muszkat, 2006).

A morte neuronal programada faz parte do desenvolvimento. Os fatores neurotróficos de crescimento (*nerve growth factor*) e os fatores de inibição de crescimento neuronal estabelecem um equilíbrio para delimitar "as bordas de crescimento das novas conexões sinápticas" (Mello; Miranda; Muszkat, 2006, p. 31).

Trabalhos experimentais e relatos clínicos e eletrofisiológicos apontam para o fato de que a estimulação sensorial periférica e o treino em determinadas habilidades motoras, como o aprendizado de um instrumento musical, podem levar a uma maior representação da área central do córtex (área motora), resultando em uma verdadeira expansão morfológica e funcional do mapa cortical envolvido na organização funcional dos padrões complexos associados à atividade motora ou sensitiva periférica (Ferrari; Toyoda; Faleiros, 2001; Neville; Bavelier, 2002; Joseph, 1982: Merzenich; Helson; Stryker, 1984; Hamburger; Levi-Montalcini, 1949, citados por Mello; Miranda; Muszkat, 2006, p. 32).

Na infância, o cérebro se desenvolve para possibilitar que as pessoas possam enfrentar os desafios ambientais. Por isso é recomendável permitir às crianças que resolvam seus problemas, guardando, é claro, as devidas proporções (problemas ou desafios ambientais em relação aos quais elas possam se posicionar), de modo a trabalhá-los e resolvê-los. A criança superprotegida por adultos que preveem e resolvem seus problemas antes que eles efetivamente aconteçam perderá essas oportunidades.

Na adolescência, os lobos frontais amadurecem e se desenvolvem, fenômeno que capacita os adolescentes a responderem de forma adequada e com autonomia aos desafios com os quais são confrontados.

Até há algum tempo se acreditava que os neurônios não se regeneravam. Hoje já se sabe que eles se regeneram também na idade adulta. Está comprovado que isso acontece nas células do giro denteado do hipocampo, nas regiões periventriculares e em células ligadas ao olfato, à audição e aos reflexos vestibulares. Células neuronais embrionárias migram para outras regiões, modificam-se e, se receberem estimulação, podem recuperar conexões que foram perdidas por danos ao sistema nervoso. "A falha na migração celular destas células embrionárias tem sido relacionada à fisiopatologia de diferentes distúrbios neurológicos e neuropsiquiátricos como o autismo, a dislexia e algumas formas de epilepsia sintomática" (Stiles, 2000; Joseph, 1982; Rosenzweig et al., 1962; Rakic, 1990, citados por Mello; Miranda; Muszkat, 2006, p. 32).

Durante o desenvolvimento existem fases de período crítico, relativos ao desenvolvimento cognitivo, quando os neurônios podem mudar de forma mais fácil ou mais permanente, dependendo de quando ocorreu o dano ou lesão cerebral. Nas fases do desenvolvimento há períodos sensíveis, nos quais pode ocorrer modificação dos neurônios pela experiência de forma mais eficaz. Se ocorrer um dano a uma determinada função cerebral nas fases sensíveis, e se ele não for reparado por meio de estimulação, a função pode ficar permanentemente comprometida, ou seja, a "janela de oportunidade" pode ser perdida. Então, durante a maturação, há períodos em que o desenvolvimento de certas habilidades é muito importante, como o aprendizado de matemática, de uma nova língua ou de música.

A neuroplasticidade nos auxilia a acumular experiência e conhecimento, ou seja, a **aprender**. A aprendizagem ajuda a aumentar a reserva cognitiva. Aprender faz crescer novas conexões entre os neurônios (sinapses), aumenta o metabolismo celular e a produção dos fatores de crescimento neuronal, fazendo com que o cérebro seja mais capaz de lutar contra o declínio relacionado à idade e contra a demência.

A neuroplasticidade nos diz que há meios de enfrentar as mudanças decorrentes do envelhecimento, as demências, e que podemos ser otimistas quando nos deparamos com dificuldades de aprendizagem e com lesões cerebrais, estas decorrentes de traumatismo cranioencefálico ou acidente cerebrovascular.

Essa contribuição da neuroplasticidade oferece suporte ao conceito e à metodologia da reabilitação cognitiva ou neuropsicológica, mostrando que o cérebro melhora com a prática; todavia não é qualquer prática! Treinamos uma determinada habilidade defectiva sabendo que a estamos estimulando contínua e repetidamente e que, com esse treino, estamos fortalecendo as conexões neuronais existentes e possibilitando a criação de novas conexões. Com o passar do tempo, o cérebro vai se tornando mais eficiente, e a tarefa vai sendo realizada com menos esforço.

Estudos de neuroimagem fornecem evidências sobre a neuroplasticidade, demonstrando mudanças importantes nos cérebros de pessoas que se tornaram *experts* em uma determinada habilidade, mesmo após pouco tempo.

Por exemplo, em 2006, foi realizado um estudo (Maguire; Woolett; Spiers, 2006, tradução nossa) que demonstrou que o hipocampo de motoristas de táxi de Londres é maior do que o hipocampo dos motoristas de ônibus. Os motoristas de táxi de Londres precisam frequentar um curso preparatório por três anos, que requer a memorização de todas as ruas de Londres. Com toda essa prática, seus hipocampos se tornaram mais especializados e maiores.

O hipocampo é importante para formar e acessar memórias complexas, conforme verificamos no exemplo sobre as ruas de Londres e os caminhos que devem ser traçados para ir de um lugar a outro. Os motoristas de táxi precisam criar caminhos para dirigir por Londres, enquanto os motoristas de ônibus seguem rotas determinadas e limitadas. Portanto, o hipocampo de um taxista é bastante estimulado e, com o tempo, essa estimulação resulta na modificação de seus neurônios e das sinapses entre eles.

Pessoas bilíngues têm o córtex parietal inferior esquerdo mais desenvolvido do que pessoas que falam apenas uma língua. Comparados a cérebros de não músicos, os cérebros de músicos mostram maior volume em áreas cerebrais associadas com a música (regiões motoras, áreas parietais anteriores e superiores e área temporal inferior). Estudantes de Medicina mostram mudanças cerebrais nas regiões do córtex parietal e do hipocampo posterior, as quais são envolvidas na memória e na aprendizagem.

Para Mello, Miranda e Muszkat (2006, p. 42),

> Os desafios da educação da criança nos dias de hoje requerem uma verdadeira revolução das formas de olhar, interagir e construir o conhecimento em bases flexíveis, sujeitas às

*múltiplas mediações que levem em conta as características dinâmicas e modulares do cérebro, a especialização funcional e as relocações da rede neuronal, e à cooperação intermodalidades, desde o nível sensorial até o da organização de funções cognitivas complexas como a memória, atenção e a linguagem, responsáveis pelo comportamento adaptativo e criativo intrínseco à comunicação humana. Assim, acreditamos que a necessidade de substituir a escola tradicional conteudista e segregacionista por uma escola mais formativa, aberta e inclusiva, que respeite e integre as diferenças, é talvez o maior desafio do sistema educacional moderno. Para tanto, é preciso estabelecer uma cooperação entre os serviços de educação, o sistema de saúde e a universidade, articulando os novos conceitos oriundos da neurociência e da experiência em reabilitação cognitiva nos vários transtornos neurológicos e neuropsiquiátricos, buscando a compreensão mais abrangente possível das formas de expressão e adaptação às diferenças cognitivas e comportamentais da criança durante o curso do neurodesenvolvimento.*

Há ampla evidência de que a capacidade cerebral é flexível e pode ser modificada pela experiência, resta saber exatamente como. Sabe-se que a plasticidade do cérebro humano está relacionada a mudanças no cérebro e a sua reorganização durante toda a vida, em resposta à aprendizagem e à experiência. Por isso, saber como ensinar aproveitando o cérebro ao máximo é fundamental.

## Síntese

Desde os tempos mais remotos o homem conhece a importância do cérebro para a sobrevivência. No século XIX tiveram origem as primeiras considerações relativas a regiões cerebrais lesionadas e suas consequentes sequelas.

Em 1970 surgiu o termo *neurociência*, que abarca disciplinas variadas cujo objeto de estudo é o cérebro. Sua grande contribuição foi demonstrar que a interdisciplinaridade contribui para um melhor entendimento do cérebro e de seu funcionamento. Esse conhecimento evoluiu tanto que atualmente podemos observar o cérebro vivo, processando a informação, por meio de exames de imagem.

O cérebro capacita a mente e fundamenta os comportamentos, pensamentos e sentimentos que experienciamos. O conceito de neuroplasticidade dá suporte ao conceito e à metodologia da reabilitação cognitiva ou neuropsicológica, mostrando que o cérebro melhora com a prática. Somos capazes de fortalecer as conexões neuronais existentes e possibilitar a criação de novas conexões por meio da prática. O cérebro é plástico, modifica-se, transforma-se (para melhor e para pior) e pode mudar ainda mais (para melhor) se o estimularmos da maneira correta. Então, podemos começar a refletir sobre meios de aprender com base nesses conhecimentos.

O sistema nervoso é formado por células nervosas (neurônios) e células da glia. O sistema nervoso central compreende o cérebro e a medula, enquanto o sistema nervoso periférico é composto pelos nervos, os quais ligam o SNC ao resto do corpo.

Os hemisférios cerebrais são recobertos pelo córtex cerebral, composto de substância cinzenta. A porção subcortical é composta por substância branca, mas nela há inseridos núcleos de substância cinzenta.

O córtex é dividido em quatro lobos: frontal, temporal, parietal e occipital. Cada lobo processa informações específicas, e algumas regiões do córtex processam e integram as informações heteromodais – são as áreas de associação. O sistema límbico processa as emoções.

## Atividades de autoavaliação

1. Como surgiram as primeiras pesquisas sobre o cérebro?
   a) Por meio da observação de lesões cerebrais e suas consequências.
   b) Apenas por meio dos achados dos exames de imagem.
   c) Apenas depois dos experimentos com animais.
   d) Por meio da frenologia.

2. O sulco central, no cérebro, separa o lobo _____ do lobo _____.
   a) temporal; occipital.
   b) frontal; parietal.
   c) parietal; occipital.
   d) temporal; frontal.

3. Analise as alternativas a seguir e indique nos parênteses o lobo cerebral correto:

   I – Lobo frontal       II – Lobo parietal
   III – Lobo temporal    IV – Lobo occipital

   ( ) Localização da área primária auditiva e responsável pela audição, memória e emoções.

   ( ) Comporta a região motora primária com a área motora primária. Suas funções envolvem respostas relacionadas à memória operacional, ao raciocínio, ao julgamento, ao planejamento, bem como à comunicação verbal. Controla movimentos musculares das mãos e dos dedos, os quais possibilitam habilidades como a escrita (giro pré-central).

( ) Integra a informação visual e somatoespacial, dando-nos noções de espaço e localização. Contém a localização das sensações de tato, temperatura e pressão (giro pós-central).

( ) Área responsável pela visão – faz a percepção e o processamento visual.

Assinale a alternativa que corresponde à sequência correta:

a) III, I, II, IV.
b) I, III, IV, II.
c) IV, II, I, III.
d) II, IV, III, I.

4. As áreas mais extensas do cérebro, as quais possibilitam o julgamento e o planejamento, são chamadas de:

a) áreas de projeção.
b) áreas sensoriais.
c) lobos temporais.
d) áreas de associação.

5. A parte do lobo frontal que possibilita o processamento e a compreensão da fala é a(o):

a) formação reticular.
b) área de Broca.
c) amígdala.
d) giro angular.

6. O corpo caloso é uma banda de fibras neurais que:

a) possibilitam ao hemisfério esquerdo ter o controle do lado direito do corpo.
b) transmitem informações entre os hemisférios cerebrais.

c) controlam as glândulas e os músculos dos órgãos internos.

d) dirigem os movimentos dos músculos envolvidos na fala.

7. Uma lesão no hemisfério cerebral esquerdo pode, muito provavelmente, reduzir a habilidade de:

a) resolver problemas aritméticos.

b) reconhecer faces.

c) reconhecer melodias familiares.

d) falar e/ou compreender a linguagem.

## Atividades de aprendizagem
Questões para reflexão

1. Explique o conceito de neuroplasticidade.

2. Qual é a relação da neuroplasticidade com a reabilitação cognitiva e a aprendizagem?

3. Por que lesões no hemisfério esquerdo podem afetar a fala?

4. Qual é a possível contribuição da neurociência para a sala de aula?

5. Com base no conceito de neuroplasticidade, o que podemos fazer para melhorar o funcionamento cerebral e, assim, proporcionar uma aprendizagem mais eficaz e prazerosa?

## Atividade aplicada: prática

Sabemos o quanto a neurociência pode contribuir para a aprendizagem. Utilizando os termos *neurociência* e *aprendizagem*, faça uma busca em uma base de dados como o Google Acadêmico e selecione um artigo científico. Depois de ler o material escolhido, analise se é possível aplicar alguns dos temas abordados em sua prática.

# 2.

## A neuropsicologia

**Iniciando o diálogo**

Este capítulo esclarece alguns pontos importantes da avaliação neuropsicológica infantil. Inicialmente, veremos alguns conceitos da neuropsicologia, para então discutir aspectos e características da dimesão cognitiva e do funcionamento intelectual relevantes nas avaliações.

A neuropsicologia é o ramo das neurociências responsável pelo estudo das relações entre o cérebro e o comportamento e, portanto, relaciona as funções cognitivas ao funcionamento cerebral. Baseia-se no fato de que o sistema nervoso central (SNC) possibilita a interação dos indivíduos com o meio ambiente, tendo um potencial adaptativo que nos faz capazes de receber, analisar, armazenar e responder a estímulos internos e externos.

A neuropsicologia pode identificar e mensurar as forças e as fraquezas presentes no funcionamento cognitivo. Assim, por meio da investigação neuropsicológica, podemos detectar ou não a presença de prejuízo cognitivo; realizar o diagnóstico de síndromes neuropsicológicas; revelar alterações cerebrais não suspeitadas; auxiliar na diferenciação entre distúrbios comportamentais associados com lesão cerebral e distúrbios que ocorrem na ausência de disfunção cerebral; prever riscos subjacentes a certos tipos de tratamentos; auxiliar na seleção de pacientes para técnicas especiais (transplantes, drogas experimentais, cirurgias eletivas); realizar o planejamento das intervenções neuropsicológicas; realizar pesquisas; fornecer informações relevantes para fins forenses; e (re)estabelecer a qualidade de vida de pessoas que sofram de doenças neurológicas ou estejam em risco de disfunção cerebral.

Há algumas condições específicas que podem beneficiar-se de uma avaliação neuropsicológica, como as doenças neurodegenerativas (demências, esclerose múltipla, entre outras), as lesões adquiridas (traumatismo cranioencefálico, acidente vascular cerebral), tumores cerebrais, epilepsia, encefalopatias tóxicas, doenças endócrinas e desordens metabólicas, além de deficiências vitamínicas. Adultos que apresentam problemas cognitivos e comportamentais advindos de transtornos do desenvolvimento ou de condições que se iniciaram na infância também podem necessitar de avaliação neuropsicológica.

## 2.1
A neuropsicologia infantil

A neuropsicologia infantil evoluiu com os avanços obtidos por meio de estudos sobre deficiência intelectual, transtornos da aprendizagem e alteração comportamental apresentados por crianças. Segundo Solovieva e Rojas, citados por Salles, Parente e Machado (2004, p. 110), ela "enfatiza a relação entre as funções psicológicas e as estruturas cerebrais, durante sua formação e desenvolvimento".

A avaliação neuropsicológica infantil é diferente da avaliação neuropsicológica do adulto. O cérebro infantil evolui constantemente mediante a interação com o meio e, por isso, "as disfunções neuropsicológicas na infância têm características muito mais heterogêneas do que homogêneas" (Mello; Miranda; Muszkat, 2006, p. 132). O desenvolvimento neuropsicológico depende da maturação cerebral, influenciado por aspectos genéticos, estruturais e plásticos, além de fatores ambientais e sociais. Os fatores sociais englobam a dinâmica familiar, os aspectos culturais e os métodos de alfabetização.

A avaliação neuropsicológica infantil pode fornecer dados importantes para diagnóstico, planejamento de reabilitação, prognóstico e curso do quadro neuropsicológico (avaliação seriada), pois identifica de forma precoce alterações que podem estar ocorrendo no desenvolvimento cognitivo e comportamental.

No caso da avaliação para diagnóstico, o profissional verifica o nível de funcionamento cognitivo, descrevendo as forças e fraquezas cognitivas apresentadas pelo sujeito. Se há alterações cognitivas ou alguma incapacidade, é importante clarificar como as habilidades verbais e motoras da criança foram afetadas e se o autoconceito e a capacidade de relacionamento interpessoal foram prejudicados. Tendo em conta essas condições, é importante conhecer os objetivos que podem ser propostos. A escola e a família devem receber informações sobre como podem lidar de modo mais efetivo com os problemas da criança.

A avaliação neuropsicológica em crianças analisa funções sensório-perceptuais, funções motoras, a linguagem e a capacidade de comunicação, afora outras habilidades cognitivas e intelectuais. O objetivo da avaliação é fazer inferências sobre a integridade orgânica dos hemisférios cerebrais e especificar quais habilidades cognitivas da criança estão alteradas e quais estão preservadas. É nesse sentido que falamos em *forças* e *fraquezas cognitivas*.

A avaliação também evidencia o quanto as fraquezas cognitivas limitam a vida prática da criança. Portanto, torna-se bastante útil em diagnósticos relacionados a lesões cerebrais e à aprendizagem (dislexia, transtorno de déficit de atenção e hiperatividade, por exemplo).

O enfoque da reabilitação é o mesmo da avaliação diagnóstica, porém aqui se enfatizam as habilidades de que a criança dispõe para se ajustar e para dar conta das responsabilidades e das atividades cotidianas. Na reabilitação, fatores como o desenvolvimento da criança, problemas de comportamento e de aprendizagem, devem contribuir para um bom planejamento e uma execução adequada.

Já a avaliação seriada, repetida por várias vezes durante um período de tempo, serve para verificar o progresso do tratamento.

## 2.2
As funções cognitivas

As funções cognitivas compreendem as operações de registro e armazenamento (*input*), bem como de processamento e produção (*output*). As funções cognitivas receptivas registram, selecionam, alcançam, classificam e integram a informação (Lezak; Howieson; Loring, 2004, p. 21, tradução nossa). Ou seja, elas compreendem a sensação e a percepção.

Com a **sensação**, o estímulo sensorial é captado e traduzido para o cérebro, onde ocorrerá a **percepção**, que fará a interpretação deste. O armazenamento e a recuperação da informação ficam a cargo da **memória** e da **aprendizagem**. O **pensamento** organiza as informações na mente, relacionando-as entre si. Várias funções cognitivas complexas estão associadas ao pensamento, como o raciocínio, o julgamento, a formação de conceitos, a abstração, a generalização, o ordenamento, a organização, o planejamento e a resolução de problemas. A informação a ser manipulada pode ser verbal, numérica ou espacial. Apesar de ser o processo mental mais especializado, o pensamento pode ser concreto ou abstrato. O pensamento abstrato representa um nível de pensamento superior. Por meio das funções expressivas, ou seja, da expressão do pensamento, podemos comunicar a informação ou executar uma ação, caracterizando o comportamento observável a partir do qual se pode inferir a atividade mental.

O trabalho das funções cognitivas funciona como uma orquestra, na qual os elementos são interdependentes; eles podem ter conceitos separados, mas não podem funcionar sem estar relacionados uns com os outros. No entanto, podemos diferenciar as classes de função cognitiva entre as que lidam com a informação verbal e/ou simbólica e aquelas que mediam as informações visuais complexas ou os padrões sonoros. Cada função cognitiva tem padrões neuroanatômicos e expressão comportamental peculiares.

> As habilidades cognitivas são, portanto, necessárias para o controle metacognitivo e para o direcionamento da experiência mental.

Segundo Nitrini, Caramelli e Mansur (2003, p. 315),

> *Cognição é um termo referente a processos relacionados ao conhecimento, ao entendimento, ao aprendizado, à percepção, às lembranças, ao juízo e ao pensamento. Pode ser diferenciada de processos físicos, comportamentais e emocionais, embora não seja sempre fácil distingui-los, principalmente quando, em algumas situações, há interação entre eles. Nem sempre é simples decidir se uma pessoa tem limitações cognitivas ou de outra natureza apenas observando seu comportamento. Por exemplo, pessoas que persistem repetindo a mesma pergunta podem comportar-se assim por ansiedade (um distúrbio emocional), ou por terem esquecido que haviam formulado a pergunta (um distúrbio cognitivo), ou porque percebem que sua atitude aborrece outras pessoas e procuram nisso uma forma de gratificação (um distúrbio comportamental).*

As habilidades cognitivas são, portanto, necessárias para o controle metacognitivo e para o direcionamento da experiência mental. Conforme vimos anteriormente, as habilidades cognitivas referem-se às funções psicológicas envolvidas na recepção, processamento e expressão, além das funções executivas, que serão abordadas a seguir.

### 2.2.1 As funções executivas

As funções executivas são os comportamentos que permitem que uma pessoa consiga agir de modo independente e produtivo no mundo. Compreendem a volição (motivação e autoconsciência), o planejamento, a ação com propósito (relativa aos objetivos) e o desempenho em si. Para isso, é necessário que o sujeito disponha da capacidade de se autodirecionar e de se autorregular, além de automonitorar o comportamento para lançar mão de certa flexibilidade cognitiva quando as demandas do ambiente assim o exigirem. Aqui a capacidade de julgamento é indispensável, pois há a necessidade de saber o que é apropriado e viável em respeito aos objetivos, planos e possibilidades de execução de determinado comportamento.

A memória de trabalho possibilita que as ações aconteçam, pois permite que a pessoa mantenha na mente (por tempo limitado) certo volume de informações e que possa também manipulá-las para executar atividades cognitivas complexas, como o raciocínio, a aprendizagem e a compreensão.

As funções executivas são relacionadas ao funcionamento dos lobos frontais, principalmente ao córtex pré-frontal.

## 2.3
Os sistemas funcionais de organização cerebral segundo Luria

A neuropsicologia é baseada na localização dinâmica de funções. Ela investiga as funções corticais superiores (atenção, memória, linguagem etc.). Segundo Luria (1966), citado por Mello, Miranda e Muszkat (2006), o cérebro se organiza como um sistema funcional que compreende os processos mentais humanos, apoiados em estruturas cerebrais. As funções corticais estão organizadas em unidades cerebrais funcionais. Cada estrutura traz a sua contribuição particular para a organização desse sistema.

A vigília é a **primeira unidade funcional**. Ela regula o tônus ou a vigília, ou seja, o alerta, o estado consciente, e é composta pelas estruturas do tronco cerebral que participam no controle do ciclo sono-vigília: sistema reticular ascendente, ponte e bulbo. Trata-se da unidade que "é responsável direta pela atenção, seleção da informação neurossensorial, regulação e ativação, vigilância e tonicidade, facilitação e inibição, controle da informação externa e memória, bem como pela sequencialização temporal e modulação neuronal e emocional" (Luria, 1966, citado por Mello; Miranda; Muszkat, 2006, p. 15).

A unidade de recepção é a **segunda unidade funcional**. Ela capta, analisa e armazena as informações do mundo externo; é composta pelos córtices temporais, parietais e occipitais e é organizada em áreas primárias, secundárias e terciárias.

As fibras sensitivas que vêm do tálamo (menos o olfato) chegam até as áreas primárias. São elas: as áreas auditivas primárias que se localizam no lobo temporal, as áreas somatossensoriais do lobo parietal e as áreas visuais primárias no lobo occipital. Conforme

Pântano e Zorzi (2009, p. 127), "as áreas primárias só registram os elementos da experiência sem caráter simbólico".

As áreas secundárias se localizam bem perto das áreas primárias. São as áreas auditivas, somatossensorial e visual secundárias. Elas têm como função a tarefa de processar a informação que foi recebida nas áreas primárias e dar-lhes conteúdo simbólico (Pantano; Zorzi, 2009, p. 127).

Não há uma região específica para as áreas terciárias. Estas são as áreas de associação. Integram os estímulos sensoriais que já foram processados pelas áreas primárias e secundárias em uma experiência sensorial multimídia. A linguagem, o esquema corporal, a noção de espaço-tempo e o cálculo, por exemplo, são integrados por essa área. Ao assistir a um filme, você enxerga, ouve, tem noção do espaço e, se o filme for 4D, sente (frio, calor, molhado), tudo ao mesmo tempo!

À medida que essas áreas se desenvolvem, o hemisfério esquerdo vai se diferenciando para ser dominante para a linguagem. As zonas corticais terciárias – situadas na região de junção dos córtices occipital, temporal e parietal inferior – "transformam" a percepção em pensamento abstrato e armazenam esses conteúdos na memória.

Portanto, a segunda unidade funcional (unidade de recepção) realiza "o processamento, a recepção, análise sensorial, organização espacial, simbolização esquemática, codificação, memória de armazenamento, integração sensorial e perceptiva" (Luria, 1966, citado por Mello; Miranda; Muszkat, 2006, p. 15).

A **terceira unidade funcional** é constituída pelos lobos frontais; por meio dela o comportamento é programado, organizado e verificado (ou regulado). Assim, essa unidade funcional "é capacitada para planificação, programação, intenção, síntese, execução, verificação e sequencialização das operações cognitivas" (Luria, 1966; Teeter; Semrud-Clikeman, 1997, citados por Mello; Miranda; Muszkat, 2006, p. 16).

As funções neuropsicológicas alteradas estão relacionadas com lesões ou disfunções de áreas cerebrais, como consta no quadro a seguir.

Quadro 2.1 – Correlação entre função ou habilidade e área cerebral

| Funções | Áreas cerebrais associadas |
|---|---|
| Habilidade motora | Córtex motor/região fronto-parieto-temporal |
| Ritmo | Lobos temporais |
| Habilidade tátil | Córtex sensitivo/região parieto-occipital |
| Percepção | Lobo occipital posterior (hemisfério direito)/ lobo parietal anterior (hemisfério esquerdo) |
| Linguagem expressiva | Região fronto-parieto-temporal (hemisfério esquerdo) |
| Memória imediata/ aprendizagem | Lobo parietal (hemisfério esquerdo) |
| Raciocínio matemático | Região secundária temporo-parieto-occipital (hemisfério esquerdo) |
| Leitura | Região terciária temporo-parieto-occipital (hemisférios esquerdo e direito) |
| Escrita | Região terciária temporo-parieto-occipital (hemisfério esquerdo) |

Fonte: Mello; Miranda; Muszkat, 2006, p. 18.

A avaliação dos aspectos neuropsicológicos do comportamento deve levar em conta as regiões cerebrais envolvidas no processamento da informação. Por exemplo, se houver disfunção ou lesão no lobo occipital, podem ocorrer alterações de percepção visual, memória e integração visual ou alterações visuoespaciais; lesão ou disfunção nos lobos temporais podem provocar alterações na memória verbal, dificuldade na escrita e na leitura de palavras, disnomia[1] e dificuldade de compreensão.

Segundo Andrade, Santos e Bueno (2004, p. 64),

> *Luria explicou este conceito de localização dinâmica dos processos cognitivos superiores em 1964. Os processos mentais superiores são formados como uma função da atividade de uma pessoa no processo de comunicação com outra e representam sistemas funcionais complexos baseados na união das zonas de trabalho do córtex cerebral. Assim, se entendermos o cérebro como uma rede sistêmica interdependente, é perfeitamente compreensível que uma função mental superior possa sofrer prejuízo se qualquer conexão que seja parte da estrutura de um sistema funcional complexo seja destruída e que ela pode ser abalada mesmo quando os centros diferem muito na localização. Se a natureza da dificuldade quando se executa uma tarefa como leitura, escrita ou contagem for analisada detalhadamente pode-se determinar a localização do distúrbio observado. Foi com este propósito que Luria desenvolveu seus métodos qualitativos de avaliação neuropsicológica.*

Conforme Luria (citado por Ciasca; Guimarães; Jabaquim, 2006), os lobos frontais do homem têm papel crucial na inteligência, sendo responsáveis pelas funções executivas. Com base nos sistemas funcionais de organização cerebral e com seus métodos de pesquisa clínica e sua bateria de testes neuropsicológicos, avaliou de modo qualitativo o *status* e a integridade neurológica do indivíduo. De acordo com Andrade, Santos e Bueno (2004, p. 65), "Para Luria, o comportamento inteligente é o produto de um interjogo dinâmico dos três blocos do cérebro com a ativação, regulação e planejamento do ato consciente sendo tarefa dos lobos frontais".

---

[1] Disnomia é a dificuldade para lembrar de palavras comuns ou nomes próprios (Lezak; Howieson; Loring, 2004).

## 2.4
A inteligência

A inteligência é um conceito amplo, composto de várias habilidades qualitativas (por exemplo, aprender, pensar de modo abstrato, construir conceitos e estabelecer relações). Todavia, é mais do que um conjunto de habilidades; é a combinação delas com a motivação pessoal. Podemos pensá-la também por um ponto de vista pragmático, ou seja, segundo o que ela nos capacita a fazer.

Podemos elencar, inicialmente, dois conceitos de inteligência, um formulado por Alfred Binet e Théodore Simon (criadores das escalas de inteligência) e outro formulado por David Weschler (criador das escalas Weschler, adaptações das escalas de Binet e Simon).

Para Binet e Simon (1916, citados por Sattler, 1992, p. 44), "julgar bem, compreender bem e raciocinar bem são as atividades essenciais da inteligência."

Já para Weschler (1958, citado por Sattler, 1992, p. 44, tradução nossa), "a inteligência é a capacidade global do indivíduo de agir com propósito, de pensar racionalmente e de lidar efetivamente com o meio em que está inserido".

Podemos mensurar vários aspectos da habilidade intelectual e, mesmo assim, não conseguiremos abarcá-la em sua totalidade. Geralmente, as definições de inteligência enfocam a habilidade do indivíduo em "se ajustar ou se adaptar ao meio, a habilidade de aprender ou a habilidade de pensar de forma abstrata, com uso de símbolos e conceitos" (Sattler, 1992, p.45, tradução nossa).

> **Importante!** Uma informação bastante difundida por meio da avaliação cognitiva em crianças é o seu nível de funcionamento intelectual, relacionado ao quociente de inteligência (QI) obtido por meio da aplicação de escalas de inteligência. A discussão sobre o termo *inteligência*, portanto, se faz útil para percebermos que a inteligência vai muito além do QI.

Ao longo dos anos foram construídos vários modelos teóricos de inteligência, para que se pudesse pensá-la de vários ângulos. Cattel e Horn (1963, citados por Sattler, 1992, tradução nossa) descreveram a inteligência como sendo dividida em dois aspectos: a inteligência fluida, não dependente da habilidade verbal e de certa forma independente da cultura, e a inteligência cristalizada, relacionada às habilidades adquiridas e ao conhecimento, dependente da cultura para se desenvolver.

Partindo de um ponto de vista neuropsicológico, a inteligência tem sido repensada. Pesquisas sobre esse tema demonstraram que não há relação direta entre o QI (quociente intelectual obtido por meio da aplicação dos testes de inteligência) e o tamanho da lesão cerebral (Hebb, 1942; Maher, 1963, citados por Lezak; Howieson; Loring, 2004, p. 20, tradução nossa). Se uma lesão cerebral discreta produz déficits que abrangem uma gama ampla de funções cognitivas, as habilidades mais diretamente relacionadas com o tecido lesionado serão destruídas e as habilidades associadas às primeiras serão prejudicadas.

Outra colocação importante para a neuropsicologia é a seguinte: apesar de os lobos frontais laterais serem regiões envolvidas em tarefas de abstração e de formação de conceitos, não existem pesquisas suficientes para validar a suposição de que estes são, de fato, os locais responsáveis pela inteligência. Lezak, Howieson e Loring (2004, p. 21) afirmam que "estudos neuropsicológicos não encontraram uma função geral cognitiva ou intelectual, mas várias outras funções sutis que trabalham juntas tão suavemente no cérebro intacto que a cognição é experimentada como um atributo único, sem emendas". Assim, o conceito de inteligência pode ser útil na avaliação neuropsicológica para determinar o nível de funcionamento pré-mórbido de um paciente com prejuízo cognitivo, o que poderá servir de parâmetro de comparação com as atividades que desempenha depois da doença ou da ocorrência da lesão cerebral, mensuradas segundo as observações clínicas e o desempenho em testes.

Mas como se mensura a inteligência? Os testes de inteligência conseguem medir a maioria dos elementos da inteligência. Alguns exemplos de testes são as escalas de Stanford-Binet, as escalas Weschler e as escalas Halstead-Reitan. Por meio da utilização de escalas, podemos conhecer o funcionamento de várias habilidades cognitivas, como "o pensamento abstrato ou raciocínio, a capacidade de adquirir conhecimento, a habilidade de resolver problemas, adaptação ao meio, criatividade, conhecimentos gerais, competência linguística, competência matemática, memória e velocidade de processamento mental" (Sattler, 1992, p. 51, tradução nossa).

O QI, portanto, é empregado como um valor de referência para localizar o nível de funcionamento intelectual de um indivíduo em relação a outros de sua idade, no mesmo contexto social e cultural. Torna-se útil, então, para identificar alterações de comportamento e se há ou não rebaixamento no nível de funcionamento intelectual, o que servirá de norte para programar as intervenções que sejam necessárias, as quais podem variar de acordo com o caso.

O QI geral obtido por meio da aplicação de uma escala de inteligência nos fornece uma estimativa global do nível de habilidade intelectual. Já os índices relativos às habilidades verbais nos fornecem indicações a respeito da inteligência cristalizada, enquanto os índices de execução nos informam a respeito da habilidade de organização perceptual e da capacidade de resolver problemas. Essas habilidades têm caráter não verbal e estão relacionadas à inteligência fluida (Sattler, 1992). Enfim, o que nos interessa é saber se, com a aplicação de uma escala de inteligência, poderemos obter informações acerca de sua validade ecológica, ou seja, o quanto ela reflete as habilidades e dificuldades do indivíduo no desempenho de suas atividades cotidianas. No final, diante das forças e fraquezas cognitivas observadas na avaliação neuropsicológica, precisamos obter subsídios para orientar o paciente, sua família, sua escola ou seu empregador. Preparar o indivíduo para enfrentar a vida a partir de sua condição no momento é o que realmente importa.

## Síntese

A neuropsicologia é o ramo das neurociências responsável pelo estudo das relações entre o cérebro e o comportamento. Uma das importantes funções da avaliação neuropsicológica é identificar e mensurar as forças e as fraquezas presentes no funcionamento cognitivo.

A neuropsicologia infantil considera que o desenvolvimento neuropsicológico está relacionado à maturação cerebral, além de ser influenciado por aspectos genéticos, estruturais e plásticos, além de fatores ambientais e sociais. A avaliação neuropsicológica em crianças analisa funções sensório-perceptuais, funções motoras, a linguagem e a capacidade de comunicação, assim como habilidades cognitivas e intelectuais.

Baseando-se na localização dinâmica de funções, a neuropsicologia investiga as funções corticais superiores (atenção, memória, linguagem, funções visuoespaciais, funções verbais e funções executivas). Segundo Luria, o cérebro se organiza como um sistema funcional que compreende os processos mentais humanos, apoiados em estruturas cerebrais. As funções corticais estão organizadas em unidades cerebrais funcionais. Cada estrutura traz a sua contribuição particular para a organização desse sistema. Assim, a avaliação dos aspectos neuropsicológicos do comportamento deve levar em conta as regiões cerebrais envolvidas no processamento da informação.

As funções cognitivas compreendem as operações de processamento das informações: registro (*input*); armazenamento, processamento e produção (*output*). Cada função cognitiva tem padrões neuroanatômicos e expressão comportamental específicos. As funções executivas são os comportamentos que permitem que uma pessoa consiga agir de modo independente e produtivo no mundo. Compreendem a volição, o planejamento, a ação com propósito e o desempenho. Também consideram o autodirecionamento e a autorregulação, a automonitoração, a flexibilidade cognitiva, a capacidade de julgamento e a memória de trabalho. Para Luria, os lobos frontais do homem têm papel crucial na inteligência, sendo responsáveis pelas funções executivas.

As definições de inteligência enfocam a habilidade do indivíduo em se adaptar ao meio e pensar de forma abstrata. Os testes de inteligência ajudam a conhecer o funcionamento de várias habilidades cognitivas, como o raciocínio, a capacidade de adquirir conhecimento, a resolução de problemas, a adaptação ao meio, a criatividade, os conhecimentos gerais. O QI pode ser entendido como um valor de referência para que possamos localizar o nível de funcionamento intelectual de um indivíduo em relação a outros da mesma idade e contexto social e cultural.

Com esse conhecimento, obtemos condições de orientar o paciente para a vida prática, considerando as forças e fraquezas cognitivas dele.

## Atividades de autoavaliação

1.  A neuropsicologia é o ramo das neurociências responsável pelo estudo das relações entre:
    a) o cérebro e o movimento.
    b) as estruturas cerebrais e o comportamento.
    c) o cérebro e o QI.
    d) a criatividade e a inteligência.

2.  A neuropsicologia infantil está baseada:
    a) apenas na genética.
    b) na maturação cerebral e na neuroplasticidade.
    c) apenas em aspectos do desenvolvimento infantil.
    d) Todas as alternativas anteriores estão corretas.

3.  Qual parte do cérebro foi mais enfatizada nos estudos de Luria?
    a) Os lobos parietais, porque nos dão a noção de localização.
    b) Os lobos temporais, porque são responsáveis pela memória.
    c) Os lobos frontais, porque são a sede das funções executivas, regulando o comportamento.

d) Os lobos occipitais, porque processam os estímulos visuais.

4. Um modelo teórico de inteligência é a inteligência _____, que não depende da habilidade verbal, da cultura ou da escolaridade.

   a) cristalizada.
   b) fluida.
   c) verbal.
   d) pragmática.

5. Para que o QI seja um valor de referência, deve ser comparado ao QI de outros indivíduos, considerando-se:

   a) o contexto cultural.
   b) os anos de estudo que eles tiveram.
   c) o contexto social em que eles vivem.
   d) os contextos social e cultural, a escolaridade e a faixa etária.

## Atividades de aprendizagem

### Questões para reflexão

1. Descreva a importância dos lobos frontais.

2. Os lobos frontais são o local da inteligência? Justifique.

3. Qual é a contribuição da neuropsicologia para a aprendizagem?

4. Por que o QI não é suficiente?

5. Partindo da definição de funções executivas, explique como tais funções estariam ligadas ao processo de aprendizagem.

## Atividade aplicada: prática

Pesquise algumas estratégias que podem ser úteis ao processo de aprendizagem do aluno de inclusão, como o aluno portador de rebaixamento intelectual.

# 3.

## A atenção

**Iniciando o diálogo**

Iniciaremos este capítulo com a descrição dos vários conceitos de atenção, ressaltando sua importância para as funções cognitivas. Depois descreveremos as suas diversas formas, para então correlacionar o funcionamento das estruturas cerebrais com os processos atencionais. Por fim, faremos breves considerações sobre alguns dos possíveis prejuízos atencionais, enfatizando o transtorno de déficit de atenção e a hiperatividade, em razão da prevalência mundial estimada em 5,3% de crianças e adolescentes.

A atenção é o processo cognitivo de se concentrar intencionalmente em uma coisa em detrimento de outras. Bastante estudada pela psicologia e pela neurociência cognitiva, é considerada um portão de acesso para o resto da cognição.

## 3.1
### O cérebro e a atenção

Por meio da atenção podemos selecionar os estímulos que parecem importantes e que correspondem aos nossos interesses, intenções ou tarefas imediatas e inibir aqueles que sejam irrelevantes. Precisamos nos concentrar em algumas características do ambiente e excluir (relativamente) outras, pois, se isso não fosse possível, a quantidade de informações que estariam em nossa mente seria tão grande e desorganizada que nos impediria de realizar qualquer atividade.

Quando a atenção é consciente, selecionamos os estímulos ativamente. Assim, a atenção é o "processo cognitivo de se focalizar em uma ou mais informações no contexto da sua consciência para fornecer clarificação especial para partes essenciais através da restrição do input sensorial dos aspectos do meio que não são desejados (irrelevantes)" (Gazzaniga; Heatherton, 2005, p. 176).

William James, um dos mais famosos psicólogos da história, forneceu a definição de *atenção* válida nos dias de hoje. Para ele, a atenção é o processo pelo qual a mente se ocupa dos objetos (como algo que vemos ou ouvimos) ou das correntes do pensamento, o que implica em se afastar de algumas coisas para poder lidar efetivamente com outras" (James, 1890, citado por Gazzaniga; Heatherton, 2005, p. 175).

Pela atenção, os conteúdos de nossa mente são integrados e com isso podemos manifestar nossos conteúdos intelectuais e reflexivos. Estímulos externos ou eventos externos chamam a nossa atenção, mas a atenção pode ser direcionada a estímulos endógenos, ou fenômenos mentais, relacionados com a motivação e a vontade. Portanto, a atenção está relacionada com a consciência, o estado de alerta, os afetos, a motivação, a memória e a percepção. Só com a atenção intacta é que os processos cognitivos podem acontecer.

O estudo da atenção investiga como o cérebro faz a seleção dos estímulos sensoriais que deve descartar e dos que deve transmitir para níveis superiores de pensamento. A atenção pode ser distribuída global ou focalmente no cérebro. Ela pode agir sobre os estímulos de modo paralelo ou serial. A atenção funciona de vários modos, relacionada a vários processos: o **alerta** controla o nível geral de responsividade; a **orientação** alinha os órgãos sensoriais para determinado estímulo; a **atenção seletiva** dá preferência a determinado estímulo entre outros conteúdos definidos que estão em nossa consciência; a **atenção sustentada** mantém a vigilância; a **atenção dividida** possibilita que o foco atencional seja dividido em vários estímulos ao mesmo tempo.

A atenção depende do contexto e funciona como um filtro, segundo o psicólogo Donald Broadbent (1958, citado por Gazzaniga

> A atenção está relacionada com a consciência, o estado de alerta, os afetos, a motivação, a memória e a percepção. Só com a atenção intacta é que os processos cognitivos podem acontecer.

e Heatherton, 2005, p. 177-178). Mediante a enorme quantidade de informação sensorial (*inputs*) com que tomamos contato, não podemos processar tudo ao mesmo tempo. É preciso selecionar e filtrar a informação relevante e então desprezar as informações irrelevantes; entretanto, se filtramos demais, não registramos nada e, se filtramos poucos, a atenção fica deficitária.

Em entrevista publicada no livro *The SharpBrains Guide to Brain Fitness*, Michael Posner afirma que não existe uma só atenção, existem três funções da atenção: de alerta, de orientação e de atenção executiva (Fernandez; Goldberg; Michelon, 2013, tradução nossa). Podemos manter um estado de alerta, orientar a atenção para a informação que queremos e gerenciar as informações que vêm à nossa consciência (atenção executiva). A atenção controla várias redes, como as respostas emocionais e a informação sensorial. É importante para muitas outras habilidades e está relacionada com o desempenho acadêmico.

As áreas cerebrais responsáveis por ela são os lobos frontais e o giro cingulado. A atenção executiva é a atenção que auxilia as funções executivas para que estas possam acontecer. Segundo Fernandez, Goldberg e Michelon (2013, p. 40, tradução nossa), "é a habilidade de direcionar a atenção em direção a estes objetivos, em direção ao planejamento. A atenção executiva é importante para a tomada de decisão (como realizar um objetivo externo) e para memória de trabalho (o armazenamento temporário de informação)".

Um aspecto relacionado à atenção executiva é o de **controle de esforço**, a capacidade de prestar atenção, mudar de foco e controlar a inibição dos estímulos que não são relevantes. Funciona em crianças e em adultos. Por exemplo: quando você faz planos, mas não consegue seguir e precisa manter a atenção no que está fazendo para afastar estímulos que possam desviá-lo da execução dessa ação. A relação entre o controle de esforço e a atenção executiva pode ser vista em várias idades. Estudos de imagem observaram que ele está conectado a áreas envolvendo a autorregulação. Pensando de maneira neurocientífica, educar bem os filhos seria ensiná-los a construir um bom controle de esforço. Assim, a atenção executiva e o controle de esforço são fatores fundamentais para que ocorra o sucesso na escola.

Sohlberg e Mateer (2009) propõem cinco modelos de atenção, os quais são importantes para o entendimento dos prejuízos atencionais: atenção focada, atenção mantida ou sustentada, atenção seletiva, atenção alternada e atenção dividida.

1. **Atenção focada** – Possibilita uma resposta básica aos estímulos (visuais, auditivos e táteis), como virar a cabeça quando escutamos um som alto repentino.

2. **Atenção sustentada** – Refere-se à capacidade de vigilância e à memória de trabalho. A capacidade de vigilância permite manter a atenção ao longo do tempo durante uma atividade contínua. A memória de trabalho é a capacidade limitada e temporária de manter a informação na mente durante atividades cognitivas complexas, como raciocínio, aprendizagem e compreensão (Baddeley; Hitch, 1974, citados por Sohlberg; Mateer, 2009).

3. **Atenção seletiva** – Refere-se à manutenção de um comportamento ou à cognição diante da distratibilidade ou de estímulos competitivos. Ela nos mantém livres da distratibilidade. O córtex, o tálamo e o tronco cerebral (através da formação reticular, mais especificamente do sistema ascendente de ativação reticular ou *ascending reticular activating system* – Aras) estão envolvidos na modulação da atenção seletiva.

4. **Atenção alternada** – É um pré-requisito para a capacidade de flexibilidade mental. Ela permite que mudemos nossos focos de atenção e que possamos transitar entre tarefas com demandas cognitivas diferentes, regulando o processamento da informação por meio da escolha. Aqui a memória de trabalho é requisitada. É um tipo de atenção que se pode observar facilmente na vida real. Por exemplo: quando assistimos a uma palestra, precisamos alternar a atenção ao escutar o palestrante e tomar notas.

5. **Atenção dividida** – É a habilidade de responder simultaneamente a várias tarefas, como ao dirigir um carro enquanto escutamos o rádio. Com a regulação do Aras, dos córtices heteromodal e límbico, cada área do córtex modula a atenção relativa ao tipo de estímulo que ela processa nas modalidades e domínios em que é especializada.

Posner e Petersen (1990, citados por Sohlberg; Mateer, 2009, p. 126) descrevem três circuitos cerebrais separados e relacionados, que "controlam as funções atencionais nos humanos – orientação da atenção no espaço, seleção do alvo e conflito da resolução, e alerta/atenção mantida –, além dos processos da memória de trabalho". As estruturas cerebrais responsáveis pela orientação espacial são o lobo parietal posterior, o colículo superior e o núcleo pulvinar lateral. A seleção do alvo e conflito de resolução ocorrem por meio do funcionamento de áreas anteriores do cérebro (giro cingulado anterior e áreas motoras suplementares), além do tálamo. A rede de alerta e a sustentação da atenção estão relacionadas com o funcionamento de regiões pré-frontais no hemisfério direito. A memória de trabalho ativa as áreas dorsolaterais do córtex pré-frontal e as áreas posteriores.

Os **prejuízos atencionais** podem ser, entre outros: distratibilidade, dificuldade em prestar atenção em dois ou mais estímulos simultaneamente, falta de persistência em manter a atenção em um alvo. Podem ocorrer em pessoas perfeitamente alertas; quando estão em níveis extremos de vigilância ou sentindo medo intenso ou dor, por exemplo, a flexibilidade da atenção pode ser prejudicada.

## 3.2
### Breves considerações sobre o transtorno de déficit de atenção e hiperatividade

O transtorno de déficit de atenção e hiperatividade (TDAH) é caracterizado pela incapacidade de dispor da atenção e sustentá-la, de modular o nível de atividade e de moderar ações impulsivas. Resulta em alterações comportamentais e em prejuízo do funcionamento cognitivo que não são condizentes com a idade e com o nível de desenvolvimento do indivíduo.

A prevalência do TDAH em crianças é de 3% a 5% e, entre os parentes das crianças afetadas, é de duas a dez vezes maior do que na população geral. Vários estudos demonstram que a prevalência é semelhante em diferentes regiões, indicando não estar relacionada a fatores culturais, ao modo como os pais educam os filhos ou ao resultado de conflitos psicológicos.

Existem três tipos de TDAH que são diagnosticados: o combinado (desatenção e hiperatividade), o predominantemente desatento, e o predominantemente hiperativo e impulsivo. Os sintomas de cada domínio (desatenção e hiperatividade/impulsividade), de acordo com o Dicionário de Saúde Mental – DSM-5 (citado por Mahone, 2013, tradução nossa), estão descritos a seguir.

1. **Desatenção** – Seis ou mais dos seguintes sintomas persistem por pelo menos seis meses em um grau que é inconsistente com o nível de desenvolvimento e que impacta diretamente as atividades sociais e acadêmicas/ocupacionais. Nota: para adolescentes mais velhos e adultos (17 anos ou mais), apenas quatro sintomas são necessários. Os sintomas não se devem a comportamento opositivo, desafio, hostilidade, ou a uma falha na compreensão de tarefas e instruções.

Frequentemente:

(a) falha em prestar atenção aos detalhes ou comete erros por falta de cuidado nos trabalhos da escola, no trabalho ou em outras atividades (por exemplo, deixa passar detalhes, o trabalho é impreciso);

(b) encontra dificuldade para sustentar a atenção em tarefas ou atividades de lazer (por exemplo, em manter-se focado durante palestras, conversas ou ao ler textos longos);

(c) parece não escutar quando falam diretamente com ele (a mente parece estar em outro lugar, ainda que na falta de outras distrações óbvias);

(d) não segue instruções (inicia tarefas, mas rapidamente perde o foco e é facilmente desviado, falha em terminar os deveres da escola, tarefas domésticas ou tarefas no trabalho);

(e) encontra dificuldade em organizar tarefas e atividades (por exemplo, na realização de tarefas sequenciais e para manter materiais e pertences em ordem, o trabalho é desorganizado, não consegue administrar bem o tempo e tem dificuldade em cumprir metas);

(f) evita, parece não gostar e é relutante para se engajar em tarefas que requerem esforço mental sustentado (como uma tarefa de escola ou, para adolescentes mais velhos e adultos, preparação de relatórios, preenchimento de formulários ou revisão de textos longos);

(g) perde objetos necessários às tarefas e às atividades (por exemplo, lápis, livros, ferramentas, carteiras, chaves, trabalhos, óculos, celulares etc);

(h) distrai-se facilmente com estímulos externos (em adolescentes mais velhos e adultos, podem incluir pensamentos não relacionados ao contexto);

(i) é desatento em atividades diárias, tarefas dirigidas e para transmitir recados (em adolescentes mais velhos e adultos, retorno de chamadas, pagamento de contas e compromissos).

2. **Hiperatividade e impulsividade** – Seis ou mais dos seguintes sintomas persistem por pelo menos seis meses em um grau que é inconsistente com o nível de desenvolvimento e que impacta diretamente as atividades sociais e acadêmicas/ocupacionais. Nota: em adolescentes mais velhos e adultos (a partir de 17 anos), apenas quatro sintomas são necessários. Os sintomas não se devem a comportamento opositivo, desafio, hostilidade ou a uma falha na compreensão de tarefas e instruções.

Geralmente:

(a) está inquieto ou mexe as mãos ou os pés, ou se contorce na cadeira;

(b) é inquieto durante atividades nas quais os outros estão sentados (pode deixar o seu lugar na sala, escritório ou outro lugar de trabalho ou em outras situações que requerem que ele se mantenha sentado);

(c) corre ou sobe nos móveis e movimenta-se excessivamente em situações inapropriadas (em adolescentes ou adultos, isso pode estar limitado ao sentimento de inquietação ou confinamento);

(d) é barulhento e ruidoso demais durante jogos, lazer ou atividades sociais;

(e) está sempre "pronto para começar", agindo como se estivesse "ligado a um motor". Sente-se desconfortável ao ficar parado por muito tempo, como em restaurantes, reuniões etc. É visto pelos outros como inquieto e agitado, difícil de lidar;

(f) fala demais;

(g) dá uma resposta antes de a pergunta ter sido completada (adolescentes mais velhos ou adultos podem completar as frases dos outros e intrometer-se em conversas);

(h) tem dificuldade em aguardar sua vez ou esperar em uma fila;

(i) interrompe ou intromete-se nas atividades dos outros (entra em conversas, jogos ou atividades); pode começar a usar as coisas dos outros sem pedir ou receber permissão; adolescentes ou adultos podem se intrometer ou assumir o controle do que os outros estão fazendo).

Fonte: Adaptado de Coghill; Seth, 2011, p. 79-80.

Coghill e Seth (2011) propuseram ainda sintomas (descritos a seguir) que não fazem parte da lista de sintomas do DSM-5, mas podem ser considerados para melhor compreender as questões relativas à impulsividade.

Geralmente:

(a) tende a agir sem pensar, inicia tarefas sem preparação adequada ou evita ler ou ouvir instruções. Pode falar sem considerar as consequências ou tomar decisões importantes no calor do momento, como comprar itens impulsivamente, pedir demissão repentinamente ou terminar um relacionamento;

(b) é impaciente; por exemplo, mostra o sentimento de inquietação enquanto espera e a vontade de se movimentar mais rápido que os outros; quer que as pessoas "cheguem ao ponto", dirige em alta velocidade e ultrapassa no trânsito para ir mais rápido que outras pessoas;

(c) fica desconfortável quando faz coisas de forma lenta e sistemática e se apressa nas atividades ou tarefas;

(d) acha difícil resistir a tentações ou oportunidades, mesmo quando isso significa correr riscos (uma criança pode pegar brinquedos de uma estante em uma loja ou brincar com objetos perigosos; adultos podem se comprometer em relacionamentos pouco depois de conhecer outra pessoa ou aceitar um emprego ou entrar em um negócio sem fazer as diligências adequadas).

Vários sintomas de desatenção ou hiperatividade/impulsividade observáveis estão presentes em adolescentes com 12 anos de idade. Eles são aparentes em dois ou mais contextos (por exemplo, em casa, na escola ou no trabalho, com amigos ou parentes) ou em outras atividades.

Há evidência clara de que os sintomas interferem ou reduzem a qualidade do funcionamento social, acadêmico ou ocupacional e não ocorrem exclusivamente durante o progresso da esquizofrenia ou de outro transtorno psicótico; tampouco são mais bem explicados por outro transtorno mental (como o transtorno do humor, o transtorno de ansiedade, o transtorno dissociativo ou o transtorno de personalidade).

Fonte: Adaptado de Coghill; Seth, 2011, p. 79-80.

O diagnóstico é baseado na coleta de dados da história do paciente, nos contextos em que os sintomas ocorrem, no grau em que estes são inconsistentes com a idade e no prejuízo que eles causam. O DSM-5 propõe que os sintomas de desatenção e/ou hiperatividade se iniciam antes dos 12 anos de idade, são percebidos em dois ou mais contextos e prejudicam o funcionamento social, acadêmico ou ocupacional.

Além da obtenção da história do desenvolvimento das habilidades motoras, da linguagem e das habilidades sociais do paciente, é necessário verificar o temperamento, os hábitos de sono, o desempenho na escola ou no trabalho, o humor e o perfil dos relacionamentos. Eventos pré-natais e a primeira infância, bem como circunstâncias que podem influenciar o comportamento e o desempenho escolar ou laboral, devem ser investigados. É importante determinar se há história familiar de TDAH, depressão, transtorno bipolar, transtornos de ansiedade, transtornos de tique e transtornos genéticos (no caso dos adolescentes e dos adultos, deve-se verificar se há também história prévia desses transtornos). Não existem achados físicos ou laboratoriais que diagnostiquem TDAH.

Estudos mostram que 20% a 30% das crianças diagnosticadas com TDAH podem apresentar transtornos de aprendizagem associados (leitura, escrita e cálculo) (Biederman et al., 1991; Pliszka, 1998, citados por Daley; Birchwood, 2010). As pessoas com TDAH podem demonstrar déficits das funções executivas, como dificuldade de inibir respostas (Barkley, 1997, tradução nossa) e alterações na memória de trabalho (Tannock, 1998, citado por Daley; Birchwood, 2010). Essas alterações podem ser corroboradas pelos achados em estudos de imagem cerebral, os quais mostram certa redução no tamanho do córtex pré-frontal (Hill et al., 2002; Mostofsky, citados por Daley; Birchwood, 2010).

Portanto, a avaliação neuropsicológica (no caso de crianças e adolescentes, somada à verificação do desempenho acadêmico, ao nível de funcionamento intelectual e à presença de transtornos de aprendizagem) pode auxiliar no diagnóstico e no planejamento de intervenções na escola ou no trabalho.

Já não se tem mais dúvida sobre a desvantagem acadêmica que as crianças e adolescentes (ou adultos jovens que ingressam nas universidades) portadores de TDAH podem experimentar. As crianças da pré-escola podem encontrar dificuldades em adquirir os conceitos básicos para o desenvolvimento das habilidades acadêmicas, tendo, portanto, a prontidão escolar prejudicada (Spira; Fischel, 2005, citados por Daley; Birchwood, 2010). Um estudo longitudinal (McGee et al., 1991, citados por Daley e Birchwood, 2010) demonstrou que adolescentes hiperativos que apresentaram dificuldade de leitura aos 7 e 9 anos permaneceram com essa dificuldade aos 15. Outro estudo (Rabiner et al., 2000, citados por Daley; Birchwood, 2010) verificou que os sintomas de desatenção (principalmente) e de hiperatividade foram associados a dificuldades na aquisição da leitura.

> *Entretanto, deve ser salientado que nem todos os indivíduos que mostram sinais precoces de TDAH vão expressar o transtorno plenamente e experienciar os prejuízos acadêmicos associados. Sonuga-Barke e colegas (2005) propuseram que pré-escolares que demonstram sinais precoces significantes de TDAH, mas que são expostos ao estabelecimento proativo e firme de limites em casa e a salas de aula estruturadas apropriadamente, podem evitar a espiral descendente da expressão em longo prazo do transtorno e do pobre desempenho escolar. Contudo, há crianças da pré-escola com*

> TDAH que são suscetíveis a entrar na escola sem muitas das habilidades-chave das "prontidões" acadêmicas que seus pares não-TDAH terão adquirido. Parece que, uma vez na escola, crianças com TDAH vão ter dificuldades com o trabalho acadêmico. (McGee et al., 1991; Biederman et al., 1996; Rabiner et al., 2000, citados por Daley; Birchwood, 2010, p. 456)

Os adolescentes portadores de TDAH podem apresentar pior desempenho acadêmico (Frazier et al., 2007, citados por Daley; Birchwood, 2010) e dificuldades na leitura (McGee et al., 1991, citados por Daley; Birchwood, 2010). Por enfrentarem dificuldades de aprendizagem e, muitas vezes, também problemas de comportamento, acabam abandonando a escola (Manuzza et al., 1993; McGee et al., 2002, citados por Daley; Birchwood, 2010). Em até 40% dos casos, os sintomas persistem na fase adulta (Fischer et al., 1993; Manuzza et al., 1993, citados por Daley; Birchwood, 2010). Em geral, os adultos com TDAH foram os adolescentes que saíram da escola mais cedo e, por isso, não conseguiram chegar à universidade (Manuzza et al., 1993; Klein; Manuzza, 1991; Barkley et al., 1990; Biederman et al., 1998; McGee et al., 2002, citados por Daley; Birchwood, 2010). No entanto, também há adolescentes e adultos que conseguiram manejar seus sintomas e chegaram à universidade; alguns deles não experienciam a desvantagem acadêmica, enquanto outros sim (Sparks et al., 2004; Heiligenstein et al., 1999, citados por Daley; Birchwood, 2010).

> Ainda, estudantes universitários com TDAH encontram problemas com tarefas e processos que são sinônimos aos requerimentos do ensino superior, como estratégias de estudo, desenvolvimento de anotações, realização de resumos e esboços, realização de testes, estratégias de teste, manejo do tempo, concentração, motivação, processamento da informação

*e autotestagem.* (Javorsky; Gussin, 1994; Reaser et al., 2007, citados por Daley; Birchwood, 2010, p. 457-458)

A dificuldade acadêmica encontrada por alguns portadores de TDAH pode ser explicada pelos déficits executivos que eles apresentam. Um estudo demonstrou que quem apresentava desatenção e déficits no funcionamento executivo necessitava mais de educação especial (Diamantopoulou et al., 2007, citados por Daley; Birchwood, 2010).

O tratamento do TDAH tem por objetivo o manejo dos sintomas, devendo-se ressaltar que este é um transtorno que deve ser vislumbrado como uma condição crônica. O estabelecimento de metas de tratamento, de acordo com as opiniões da criança, dos pais e dos professores, a medicação com drogas estimulantes para manejo dos sintomas e a terapia para orientação de discordâncias entre pais e filhos e para tratamento de comportamento opositivo persistente constituem algumas intervenções medicamentosas e não medicamentosas que podem ser adotadas. As intervenções acadêmicas que podem ser realizadas para melhorar o desempenho acadêmico devem enfocar os déficits executivos.

A escola pode realizar intervenções para auxiliar alunos com TDAH. O sucesso do desempenho do aluno com TDAH na escola envolve a participação ativa do professor e dos familiares no processo de aprendizagem. É necessário que o docente saiba identificar o aluno com possível TDAH e que ele tenha conhecimento suficiente sobre o tema para

> Os alunos com TDAH necessitam de maior estrutura, além de consequências positivas mais frequentes e mais salientes para a realização das tarefas.

poder tomar atitudes para manejar os sintomas observados em sala de aula e fazer as intervenções necessárias. As intervenções podem ter um impacto bastante positivo na presença dos sintomas e nas condições de comorbidades[1], além de serem bastante sensíveis às variáveis ambientais.

Os alunos com TDAH necessitam de maior estrutura, além de consequências positivas mais frequentes e mais salientes para a realização das tarefas. As intervenções mais efetivas para melhorar o desempenho escolar são aquelas aplicadas na escola, no momento em que o aluno está realizando determinada atividade.

O TDAH é, portanto, uma desordem que, se ocorre, mantém-se por toda a vida e causa inúmeros prejuízos em várias áreas de funcionamento do indivíduo. Seu tratamento, além de ser multidisciplinar, envolve uma "força-tarefa" para estabelecer estratégias de manejo dos sintomas, com a colaboração conjunta do indivíduo, dos pais, dos professores e da comunidade.

## Síntese

A atenção é o processo cognitivo de se concentrar intencionalmente em algo em detrimento de outras distrações. Ela é o portão de acesso para o resto da cognição. Se não conseguimos prestar atenção, muito provavelmente não aprendemos, deixando uma gama de informações sem ser processada. Com a atenção, selecionamos os estímulos importantes e inibimos os irrelevantes. Assim podemos integrar os conteúdos de nossa mente e manifestar o que pensamos e o que queremos.

---

1 Comorbidade é a associação de pelo menos duas patologias no mesmo paciente.

O estudo da atenção é investigar como o cérebro seleciona os estímulos sensoriais que deve descartar e os que deve transmitir para níveis superiores de pensamento.

Posner e Petersen descrevem três circuitos cerebrais responsáveis pela atenção nos humanos – orientação da atenção no espaço, seleção do alvo e conflito da resolução e alerta/atenção mantida –, juntamente com a memória de trabalho. As estruturas cerebrais responsáveis pela orientação espacial são o lobo parietal posterior, o colículo superior e o núcleo pulvinar lateral; as áreas anteriores do cérebro (giro cingulado anterior e áreas motoras suplementares) e o tálamo regulam a seleção do alvo; o alerta e a sustentação da atenção estão relacionados com o funcionamento de regiões pré-frontais no hemisfério direito e com a memória de trabalho, que é regulada pelas áreas dorsolaterais do córtex pré-frontal e pelas áreas posteriores.

Quando o indivíduo apresenta alteração de atenção, distrai-se facilmente, tem dificuldade em prestar atenção em dois ou mais estímulos simultaneamente e demonstra falta de persistência em manter a atenção em um alvo.

Os portadores de TDAH podem apresentar incapacidade de dispor da atenção e sustentá-la, de modular o nível de atividade e de moderar ações impulsivas. Existem três tipos de TDAH: combinado (desatenção e hiperatividade), predominantemente desatento e predominantemente hiperativo e impulsivo.

Vários estudos relatam que algumas crianças diagnosticadas com TDAH podem apresentar transtornos de aprendizagem associados (leitura, escrita e cálculo), além de déficits das funções executivas, como dificuldade de inibir respostas e alterações na memória de trabalho. Esses déficits podem levar as crianças, adolescentes e adultos jovens portadores desse transtorno a uma importante desvantagem acadêmica, que pode ser explicada pelos déficits executivos.

O tratamento do TDAH tem por finalidade o manejo dos sintomas por meio de intervenções medicamentosas e não medicamentosas. Na sala de aula, os professores devem dispor de estratégias de aprendizagem para que possa haver a compensação dos déficits apresentados pelos portadores; em casa, os pais ou responsáveis devem auxiliá-los a organizar a rotina diária e a compensar as dificuldades.

## Atividades de autoavaliação

1. O estudo de como o cérebro seleciona quais estímulos sensoriais descartar e quais transmitir para níveis superiores de pensamento é o estudo da:
   a) percepção.
   b) funções executivas.
   c) inteligência.
   d) atenção.

2. Selecione as estruturas cerebrais que estão envolvidas na modulação da atenção seletiva:
   a) Gânglios basais.
   b) Hipotálamo.
   c) Córtex cerebral.
   d) Tronco cerebral.

3. Sobre a atenção assinale a alternativa **incorreta**:
   a) A atenção não é fundamental para que o resto da cognição ocorra.
   b) A atenção pode estar influenciada pela motivação e por estados emocionais, como o medo.
   c) A distratibilidade é um prejuízo da atenção.
   d) A formação reticular está envolvida na manutenção da atenção.

4. Quando as pessoas apresentam incapacidade de dispor da atenção e sustentá-la, de modular o nível de atividade e de moderar ações impulsivas desde a infância, podem ser portadoras de:
   a) depressão.
   b) ansiedade.
   c) transtorno de déficit de atenção e hiperatividade.
   d) apenas dificuldade em aprender.

5. As dificuldades acadêmicas apresentadas pelos portadores de TDAH podem ser explicadas pelos déficits:
   a) de memória.
   b) de funções executivas.
   c) de aprendizagem.
   d) Nenhuma das alternativas anteriores está correta.

## Atividades de aprendizagem
### Questões para reflexão

1. Como se dá o tratamento das pessoas portadoras de TDAH? Qual é o papel do professor nesse processo?

2. Como verificar a razão para uma pessoa apresentar alterações ou prejuízo de atenção, como distratibilidade e falha em sustentar a atenção?

3. Qual é o papel das funções executivas em relação ao TDAH?

## Atividade aplicada: prática

Pesquise quais estratégias podem ser úteis para o processo de aprendizagem do aluno portador de TDAH.

# 4.

## A memória

## Iniciando o diálogo

Este capítulo tem por objetivo descrever os processos inerentes à memorização e os vários tipos de memória existentes, bem como sua relação com as estruturas cerebrais. Finalizando o capítulo, veremos algumas formas de melhorar a memória e o aprendizado.

> *Perder a memória leva à perda de si mesmo, à perda da história da vida de uma pessoa e das interações duradouras com outros seres humanos.*
> (Squire; Kandel, 2003, p. 14)

Somos quem somos porque nos lembramos do que vivemos e, dessa forma, construímos nossa identidade. Podemos pensar que somos fruto de nossas escolhas, contudo só sabemos das escolhas feitas porque nos lembramos delas e do que elas nos ensinaram.

A memória conecta presente e passado e, assim, capacita-nos a vivenciar o futuro. Também agrega nossos pensamentos, impressões e experiências pela sua capacidade de arquivar informações e utilizá-las para propósitos adaptativos.

## 4.1
As contribuições das pesquisas realizadas com o paciente H.M.

Para que a memória funcione adequadamente, muitas regiões cerebrais são necessárias e muitas delas são extremamente suscetíveis a doenças ou a lesões cerebrais, pois há várias doenças neurológicas e psiquiátricas que causam prejuízo à memória.

O paciente H.M. é um caso clássico que possibilitou para a história da neuropsicologia e das neurociências, com seu infortúnio, uma série de descobertas a respeito da memória. Em 1957, o neurocirurgião William Scoville foi o responsável pela cirurgia para tratar a epilepsia de H.M., e a neuropsicóloga Brenda Milner foi a responsável pelas avaliações neuropsicológicas posteriores à cirurgia.

Aos 9 anos de idade, esse paciente foi vítima de um acidente de bicicleta que lhe causou um traumatismo cranioencefálico e subsequente desenvolvimento de epilepsia. Com o passar dos anos, as crises foram piorando; na época da cirurgia, ele sofria dez crises de ausência[1] e uma crise generalizada[2] por semana. Então, aos 27 anos de idade, H.M. estava incapacitado para realizar as atividades do dia a dia.

A epilepsia de H.M. se originava no lobo temporal. Scoville decidiu pela cirurgia como o último recurso de tratamento. Ele removeu parte dos lobos temporais mediais nos dois hemisférios, incluindo o hipocampo. A epilepsia cessou, contudo a cirurgia causou em H.M. um gravíssimo déficit de memória: ele não conseguia mais transformar a memória de curta duração em memória de longa duração, isto é, ele perdeu a capacidade de formar novas memórias de longo prazo. H.M. dizia que "cada momento é novo" (Squire; Kandel, 2003, p. 24), pois, sem poder armazenar lembranças, vivia apenas o presente.

Segundo as observações de Milner nas avaliações neuropsicológicas, H.M. ficou com a memória remota preservada e apresentava o QI um pouco acima da média. Conseguia conversar por algum tempo, contanto que não fosse distraído, mas não conseguia

---

[1] Crise de ausência: perda de consciência durante 30 segundos ou menos. Nesse período, o indivíduo para de fazer suas atividades, olha vagamente para o infinito e não responde às perguntas (Guerreiro, 2014; Canbler, 2014).

[2] Crise generalizada: perda de consciência e consequente queda; o indivíduo apresenta tremores intensos e liberação involuntária dos esfíncteres (Medicina Prática, 2014).

lembrar-se de novas informações, ficando desorientado em relação ao tempo; por exemplo, não conseguia saber a própria idade.

Com os estudos sobre H.M., Milner chegou a conclusões importantes: adquirimos novas memórias por meio da porção medial dos lobos temporais, sendo que essa capacidade é separada de outras capacidades cognitivas e perceptivas; a memória imediata (ou de curto prazo) não é dependente dos lobos temporais; as informações que pertencem à memória de longo prazo, referentes ao conhecimento previamente adquirido, não são armazenadas no lobo temporal medial nem no hipocampo.

H.M. conseguia se lembrar de eventos da sua infância. Esse conhecimento previamente adquirido é armazenado no lobo temporal lateral, nas áreas que originalmente processam a informação. Ele tinha a memória de procedimentos intacta: conseguiu aprender a traçar uma estrela olhando em um espelho e, cada vez que o fazia, fazia melhor, mas toda vez que ia iniciar a atividade relatava nunca tê-la realizado antes.

Qual foi o destino de H.M.? Ele trabalhou em uma fábrica, como montador de isqueiros. Entretanto, não sabia dizer onde trabalhava ou qual era sua responsabilidade, mas, ao chegar ao trabalho, conduzido por alguém da instituição, conseguia montar os isqueiros perfeitamente. H.M. faleceu no final de 2008, com mais de 80 anos. Segundo Baddeley, Eysenck e Anderson (2011, p. 26), "seu caso foi importante por duas razões: primeiro, porque identificou a importância da região hipocampal do cérebro para a memória; segundo, porque o déficit de memória de H.M. estava limitado à memória episódica de longa duração".

Por meio do estudo da alteração de memória que H.M. apresentava, podemos perceber que a memória corresponde a informações cujo armazenamento ocorre em estruturas neuronais e que ela pode ser recuperada no futuro e, assim, ser usada para o comportamento adaptativo. Lembramo-nos do que aprendemos no passado para lidar com situações do presente e para planejar o futuro.

As pessoas se queixam de problemas de memória em geral, mas nem sempre apresentam problemas dessa espécie, visto que pode ocorrer muita confusão com o conceito de *memória*. Essa denominação pode abarcar várias disfunções cognitivas. Por exemplo, se o indivíduo apresenta dificuldade ao lembrar-se de palavras ou nomes adequados, ele sofre de disnomia e não de um problema de memória.

Outros déficits cognitivos podem afetar a memória, como alterações da atenção, velocidade lenta do processamento da informação, bem como dificuldades de concentração e de autorregulação ou, ainda, para manter uma organização na aquisição de informação, criar estratégias de aquisição de novas informações e realização de pouco esforço (isso porque o fato de alguém não ser capaz de esforçar-se mentalmente para realizar uma tarefa – por estar muito triste ou desmotivado, por exemplo – também pode interferir de modo negativo na capacidade mnemônica).

## 4.2
As memórias de curto prazo e de longo prazo

Podemos pensar a memória seguindo um parâmetro temporal, dividindo-a em curto e longo prazo.

A memória de curto prazo faz a "retenção temporária de pequenas quantidades de material sobre breves períodos de tempo" (Baddeley; Eysenck; Anderson, 2011, p. 21). Ela codifica a informação sensorial ou de superfície, enquanto a memória de longo prazo faz a codificação semântica ou profunda. A memória de curto prazo é independente da memória de longo prazo. O paciente H.M. já nos ensinou isto: alguns danos neurológicos poupam a memória de curto prazo e danificam a memória de longo prazo. Ele conseguia conversar por alguns minutos se não fosse distraído, mas não podia lembrar-se de uma conversa no dia seguinte à sua ocorrência.

A memória de trabalho também está relacionada à dimensão temporal da memória, sendo um aspecto da memória de curto prazo. É utilizada, portanto, quando mantemos a informação ativamente (como se estivesse *on-line*) e a manipulamos, preparando-a para ser recuperada, capacitando-nos a realizar operações cognitivas complexas, como o raciocínio, a aprendizagem e a compreensão. A diferença entre memória de curta duração e memória de trabalho é que a última processa e armazena temporariamente, possibilitando um "espaço de trabalho mental para a realização de tarefas complexas" (Baddeley; Eysenck; Anderson, 2011, p. 52).

Esta dimensão temporal da memória a caracteriza como um "viajar" pelo passado, diferenciando-se de sentimentos, emoções e pensamentos (Markowitsch, 2000, citado por Squire; Kandel, 2003). A memória serve para juntar todas as nossas lembranças, as experiências que vivemos e os fenômenos que armazenamos em um todo. Ela une a consciência, não deixando que se despedace em inúmeros fragmentos separados. Com sua amnésia, H.M. não podia fazer isso. Ele não era capaz de "juntar" e relacionar a informação em uma dimensão temporal e, com isso, não tinha noção do passar do tempo.

A memória de longa duração pode ser dividida em declarativa (explícita) e não declarativa (implícita). A Figura 4.1 descreve os componentes da memória de longo prazo, propostos por Squire (1992, citado por Baddeley; Eysenck; Anderson, 2011).

Figura 4.1 – Componentes da memória de longa duração segundo Squire (1992)

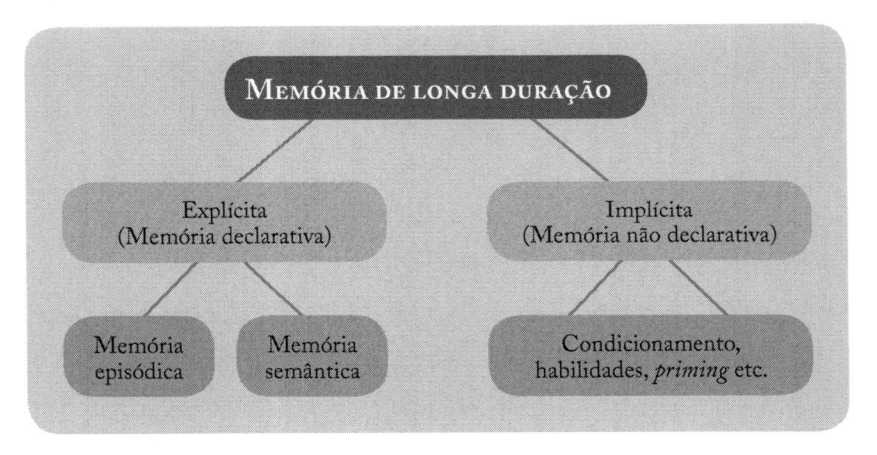

```
                    MEMÓRIA DE LONGA DURAÇÃO
                   /                         \
            Explícita                      Implícita
      (Memória declarativa)        (Memória não declarativa)
         /          \                         |
    Memória      Memória              Condicionamento,
    episódica    semântica            habilidades, priming etc.
```

Fonte: Baddeley; Eysenck; Anderson, 2011, p. 22.

## 4.3
### As memórias declarativa (explícita) e não declarativa (implícita)

A memória a que na maioria das vezes nos referimos quando falamos de memória é a **memória declarativa**, isto é, nossas recordações ou lembranças, informações que trazemos à consciência, como o nome de uma pessoa, o que aconteceu na festa de sábado, o que comemos no almoço de ontem etc.

Conforme explicam Squire e Kandel (2003, p. 81-82)

> *Assim, uma pessoa pode mergulhar em uma série de recordações, algumas vezes acompanhada por fortes emoções e por uma noção irresistível de familiaridade pessoal com aquilo que está sendo evocado [...] Lembranças vívidas do passado são coisas que todos possuímos e podemos lembrar diariamente, sem esforço.*
>
> *[...]*
>
> *É a memória para eventos, fatos, palavras, faces, música – todos os vários fragmentos do conhecimento que fomos adquirindo durante uma vida de experiência e aprendizado, conhecimento que pode ser potencialmente declarado, ou seja, trazido à mente de uma forma verbal ou como uma imagem mental.*

Baddeley, Eysenck e Anderson (2011, p. 22-23) esclarecem ainda:

> *A memória explícita se refere a situações nas quais, em geral, pensaríamos como referentes à memória, para relembrar tanto eventos específicos, como ter encontrado inesperadamente um amigo nas férias do ano passado, quanto fatos ou informações sobre o mundo, por exemplo, o significado da palavra testemunhar ou a cor de uma banana madura.*

A **memória não declarativa** (implícita) é resultante da experiência, decorrente de uma mudança no comportamento, e é inconsciente. Contudo, podemos nos recordar de quando aprendemos uma ação pela primeira vez; por exemplo, podemos nos lembrar das primeiras vezes que nos ensinaram a andar de bicicleta, mas não precisamos evocar essas informações todas as vezes que formos pedalar. Quando pedalamos, então, estamos usando uma das nossas memórias não declarativas: a **memória de procedimentos** (ou **procedural**). Quando se trata de memória implícita, portanto, podemos pensar nas situações em que aprendemos a "fazer coisas", em outras palavras, no aprendizado refletido em desempenho.

H.M. e outros pacientes com graves alterações de memória (amnésia) apresentavam problemas na memória declarativa episódica e, muitas vezes, também prejuízos na memória semântica. Todavia, pacientes com graves danos podem manter preservadas as capacidades referentes à memória não declarativa (implícita).

O condicionamento clássico simples é um exemplo disso. Os pacientes amnésicos podem sofrer condicionamento, como o emparelhamento de um estímulo sonoro com um sopro de ar no olho. Assim, aprenderão a piscar por antecipação, quando o estímulo sonoro acontecer; entretanto, não vão conseguir lembrar-se de quando aprenderam isso.

Outra capacidade que os pacientes amnésicos podem aprender são as habilidades motoras (memória de procedimentos ou procedural). Para compreendermos isso, basta nos lembrarmos da capacidade de H.M. em copiar a figura da estrela através de seu reflexo no espelho, que, aliás, melhorava a cada dia, e de sua capacidade de montar isqueiros.

O *priming* ou pré-ativação é outra capacidade que os pacientes amnésicos conseguem manter. Trata-se de uma forma de melhorar a capacidade de processar, detectar ou identificar um estímulo, após tê-lo processado recentemente. Warrington e Weiskrantz (1968, citados por Baddeley; Eysenck; Anderson, 2011) demonstraram que pacientes com graves prejuízos da memória declarativa conseguiam aprender palavras, desde que sob determinadas condições. Os pacientes tinham contato com uma lista de palavras sem relação entre si e depois tinham de demonstrar de várias formas quantas palavras tinham conseguido reter. Quando deviam dizer (declarar) de quantas palavras se lembravam (evocação ou recuperação), seu desempenho era muito deficiente; mas, quando as pesquisadoras lhes davam duas letras iniciais das palavras, tanto os pacientes amnésicos quanto as pessoas normais que participaram do experimento conseguiam "adivinhar" as palavras. Segundo Baddeley, Eysenck e Anderson (2011, p. 24), "os pacientes puderam aproveitar totalmente sua experiência prévia, apesar de não conseguirem sequer lembrar que lhes haviam sido mostradas as palavras anteriormente, indicando que *algo* havia sido armazenado".

## 4.4
As memórias semântica e episódica

A memória declarativa (explícita) também pode ser classificada de acordo com seus conteúdos. Assim, temos a memória semântica e a memória episódica.

A **memória semântica** armazena os fatos sobre o mundo, que se tornam o conhecimento geral, como o resultado de 10 + 10, o fato de que as pirâmides ficam no Egito e a noção de que os carros ainda não voam. Os fatos armazenados são aprendidos na escola e no dia a dia. Às vezes podemos recordar o momento em que os aprendemos, outras não. Na maioria das vezes, não se sabe quando e como se teve acesso àquela informação. Por exemplo, quem se lembraria da situação exata em que aprendeu que uma cadeira é uma cadeira?

A memória semântica compreende o nosso conhecimento sobre o significado das palavras, o conhecimento dos atributos dos objetos (sabor de uma maçã, por exemplo) e até mesmo o "conhecimento geral sobre como a sociedade funciona" (Baddeley; Eysenck; Anderson, 2011, p. 23).

Por **memória episódica**, ou memória autobiográfica, entendemos as memórias de nossa vida, as experiências vividas no nosso passado. Para termos acesso a essa memória, precisamos fazer uma busca da informação desejada nas nossas lembranças. É a memória que nos faz ir até o passado e de lá trazer à tona nossas lembranças. Como se referem a nossas experiências, estas podem estar "coloridas" com conteúdo emocional.

A memória episódica reflete a capacidade que temos de nos lembrar de episódios, fatos ou acontecimentos específicos. Recordamos e revivemos essas lembranças, de modo que podemos usá-las para planejar o futuro.

# 4.5
Os processos da memória

O ato de trazer uma lembrança à consciência compreende algumas operações: codificação, armazenamento e evocação. A **codificação** ocorre quando o processamento de determinada informação causou uma mudança no cérebro (foram realizadas sinapses para processar essa informação). É o inicio do aprendizado. Tomamos contato com a informação, ou seja, nosso cérebro processa a informação, convertendo-a em um código e preparando-a para ser armazenada na memória. Armazenar uma informação significa transferi-la da memória de curto prazo para a memória de longo prazo. A informação é armazenada em engramas, como se fossem códigos; quando recuperamos esses códigos, acabamos por recuperar não necessariamente a informação idêntica à originalmente armazenada, pois ocorrem modificações, adaptações e distorções desses engramas. Tudo depende do tipo de informação que está sendo armazenada.

As informações que foram armazenadas podem persistir por toda a vida. Além disso, não há um limite para a quantidade de informação que podemos armazenar. As mesmas estruturas cerebrais que processam a informação são as responsáveis por armazená-la. Essas estruturas, com a ajuda do hipocampo, serão ativadas para que a evocação da informação ocorra.

Baddeley, Eysenck e Anderson (2011, p. 17) esclarecem:

> *Usando o computador digital como analogia, a memória humana podia ser vista como constituída de um ou mais sistemas de armazenamento. Qualquer sistema de memória físico eletrônico ou humano requer três qualidades: as capacidades de codificar, ou introduzir informação no sistema, de armazenar e – em seguida – de encontrar e evocar essa informação. No entanto, embora esses três estágios atendam a diferentes funções, eles interagem: o método de registro de material ou de codificação determina o que e como a informação é armazenada, o que, por sua vez, limitará o que pode ser evocado posteriormente.*

Para Squire e Kandel (2003, p. 116), "evocar a memória de um objeto requer que sejam colocados juntos os diferentes tipos de informação distribuídos ao longo de várias áreas corticais e reunir a informação em um todo coerente". Recordamo-nos melhor de uma informação se recebemos dicas, se nosso humor for congruente, se nossa consciência não estiver alterada (se estivermos sonolentos, por exemplo, podemos não nos lembrar claramente da matéria da prova) e se estivermos em um contexto semelhante ao da informação.

> **Importante!**
>
> Esquecer é preciso! Como seria se não conseguíssemos esquecer? Teríamos acesso a todas as informações armazenadas em nossa memória por todo o tempo? Geralmente nos esquecemos mais dos detalhes de alguma situação e mantemos o geral, o significado, os pontos principais. Pensemos em um filme a que assistimos. Não conseguimos (nem devemos) nos lembrar de todas as cenas, mas somos capazes de guardar cenas mais emocionantes ou mais marcantes e o significado geral do filme.

## 4.6
### A anatomia da memória

As **falhas patológicas** de memória, ou **amnésias**, podem ocorrer em uma ampla gama de doenças. Várias redes neuronais estão programadas para realizar operações que propiciam que o registro, o armazenamento e a recuperação da informação aconteçam. No cérebro não temos um lugar específico para a memória; ela depende das sensações e da percepção, além da atenção e da influência das emoções ou motivações.

Existe mais de um tipo de memória. Temos uma forma de aprender a fazer determinadas ações que tem um caráter automático, ou seja, a memória não declarativa (por exemplo, andar de bicicleta, fazer tricô). Temos também memórias que são evocação de eventos passados, isto é, a memória declarativa. O que é normalmente perdido na amnésia é a memória declarativa de longo prazo.

A memória declarativa é afetada por lesão no lobo temporal medial. Muitas vezes, a memória não declarativa permanece intacta. Diferentes formas de memória não declarativa dependem de diferentes regiões encefálicas (amígdala, cerebelo, estriado e sistemas de reflexo – motores e sensoriais – recrutados para essa tarefa). A memória de curto prazo e a memória de trabalho são atingidas por lesão bilateral do córtex pré-frontal.

Antes de passar da memória de curto prazo para a memória de longo prazo, a informação adquirida "reverbera em um circuito neural" (Squire; Kandel, 2003, p. 99). O sistema límbico, mais precisamente o complexo hipocampo entorrinal, realiza a codificação e a consolidação da informação. Por isso, lesões bilaterais das estruturas do sistema límbico (especialmente dos componentes do circuito de Papez) podem causar graves alterações de memória, uma vez que auxiliam os processos da memória declarativa explícita episódica.

A informação adquirida é codificada no córtex associativo, transferida para o sistema límbico, avaliada pela sua relevância, submetida a associações posteriores, integrada a informações já existentes e engajada em um processo que levará à consolidação. Ela será armazenada por meio de engramas, que são representados nas áreas unimodal, heteromodal e paralímbicas. O hemisfério esquerdo fará o armazenamento da informação verbal e do conhecimento geral (informação semântica), e o hemisfério direito armazenará a informação não verbal.

A recuperação da informação depende da iniciativa dos córtices pré-frontal e temporal anterior. Mas, se refletirmos sobre o caso de H.M., veremos que o sistema límbico também é responsável pelo processo de recuperação.

## 4.7
É possível melhorar a memória?

Lembrar-se de algo depende de fatores como: o número de repetições do evento; a importância dele; se podemos (e o quanto podemos) organizá-lo e associá-lo ao conhecimento que já temos; a facilidade com que conseguimos nos lembrar do fato após ter contato com ele.

Nossa memória falha! Isso é fato. Uns conseguem gravar melhor as informações, outros têm mais dificuldade. Mas então o que podemos fazer para melhorar nossa memória?

Harris (1980, citado por Baddeley; Eysenck; Anderson, 2011) fez um estudo para saber o quanto as pessoas se utilizavam de recursos mnemônicos como auxílio para a memória. Após a aplicação de um questionário a universitários e a donas de casa, ele observou que ambos os grupos utilizavam esses recursos, porém as donas de casa, em geral, faziam anotações em calendários, enquanto os estudantes costumavam anotar nas mãos. Todos os participantes da pesquisa usavam algum recurso externo como auxílio para a memória: agendas, calendários, listas etc. Com o avanço da tecnologia, temos disponíveis inúmeros recursos externos de auxílio à memória. Celulares e *tablets*, por exemplo, podem ser programados para tocar um alarme, avisando-nos de alguma tarefa ou compromisso; podemos também gravar lembretes de voz, criar notas no computador etc.

Luria (1968, citado por Baddeley; Eysenck; Anderson, 2011) relatou o caso do jornalista russo Shereshevskii, um mnemonista extraordinário. Seu chefe percebeu que ele nunca anotava as tarefas dadas, mas conseguia repetir tudo o que havia sido falado a ele, sem erros. Quando Shereshevskii foi encaminhado a Luria, este lhe aplicou uma extensa bateria de testes de memória, com dificuldade crescente. O mnemonista "conseguia registrar em sua memória – [sic] listas de mais de 100 dígitos, poesias em línguas desconhecidas, imagens complexas e fórmulas científicas elaboradas" (Baddeley; Eysenck; Anderson, 2011, p. 381). Anos após a avaliação, o mnemonista conseguia repetir o material, normalmente e de trás para a frente! Shereshevskii conseguia gravar as informações porque tinha capacidade de reter imagens de forma impressionante e ainda dispunha de uma "fantástica capacidade de sinestesia, capacidade de um estímulo em um sentido de evocar uma imagem em outro" (Baddeley; Eysenck; Anderson, 2011, p. 381).

Apesar de parecer ter uma vantagem por lembrar-se de tudo, o mnemonista recordava-se do que não queria, ficando confuso. Para resolver esse problema, ele criou uma técnica: imaginava escritas com giz em um quadro-negro as imagens que não queria lembrar e então as apagava; assim, conseguia esquecê-las.

Podemos treinar nosso cérebro para gravar melhor a informação utilizando recursos internos de auxílio à memória. Da mesma forma que o mnemonista russo, as pessoas adotam estratégias para ajudá-las a lembrar-se de alguma informação. Uma estratégia bastante utilizada é o método de *loci*, no qual a pessoa visualiza as informações que precisa lembrar ao longo de um caminho conhecido, fazendo uso da memória espacial.

Para nos lembrarmos de dígitos, por exemplo, podemos dividi-los em grupos de três ou quatro, aproveitando a capacidade atencional. As rimas podem ser usadas para auxiliar a memória, formando imagens interativas entre duas listas de palavras, uma com rima e outra sem rima. Assim, lembramo-nos das palavras em rimas e, usando as imagens interativas que criamos, lembramo-nos das palavras que não rimam, aquelas que gostaríamos de gravar. Não se sabe se esse método funciona na vida cotidiana, pois exige treinamento e é difícil usá-lo com palavras abstratas.

E como nos lembrarmos de nomes de pessoas? Podemos usar a mnemônica de imagens visuais, associando características da pessoa para nos recordarmos do seu nome. Esse método liga nomes a fisionomias em quase 80% das vezes em condições de laboratório (Morris; Jones; Hampson, 1978, citados por Baddeley; Eysenck; Anderson, 2011). Na vida real parece não ser tão útil. É mais eficaz fazermos um esforço consciente (repetição em determinados intervalos de tempo, por exemplo) para nos lembrarmos do nome de alguém.

Podemos usar a mnemônica verbal para nos lembrarmos de informações específicas, como as cores do arco-íris. As cores do espectro são vermelho, laranja, amarelo, verde, azul, índigo e violeta. Pegamos as iniciais de cada cor e construímos uma frase com elas. Usando VLAVAIV criaríamos uma sentença da qual nos recordaríamos para recuperar a informação que queremos aprender. Outra mnemônica verbal eficaz é o método de histórias. Ele pode ser usado para nos lembrarmos de palavras que não apresentam associação entre si na ordem correta, relacionando-as no contexto de uma história. Esse método pode envolver o uso de imagens visuais e a produção de frases.

Ericsson (1988, citado por Baddeley; Eysenck; Anderson, 2011) propõe que podemos ter uma ótima habilidade de memória se respeitarmos três requisitos: codificação significativa, estrutura de evocação e aceleração. Quando conseguimos processar as informações relacionando-as com o conhecimento preexistente, fazemos uma codificação significativa. A estrutura de evocação compreende que os estímulos devem ser armazenados juntamente com as informações para auxiliar uma evocação posterior. Quanto mais prática, melhor gravamos informações. Esse é o princípio de aceleração.

Podemos utilizar as técnicas de melhoramento de memória para facilitar o estudo. Depois de considerarmos a motivação do indivíduo e "as diferenças individuais de estilos de aprendizagem" (Baddeley; Eysenck; Anderson, 2011, p. 391), percebemos que, para que o estudo ocorra de modo eficaz, precisamos de motivação. Ademais, certos estilos de aprendizagem funcionam melhor do que outros. Biggs, Kember e Leung (2001, citados por Baddeley, Eysencke; Anderson, 2011) identificaram, por meio do questionário de processos de estudo, três estilos de aprendizagem:

> 1. *Superficial: ênfase na aprendizagem mecânica de ideias e fatos; pouco interesse pelo conteúdo que está sendo aprendido. Os itens enfocam questões como a baixa motivação para o estudo e o simples aprendizado de informações de cor.*
> 2. *Profundo: ênfase no significado, relacionando ideias a evidências e integrando informações de diversas fontes. Os itens enfocam questões como a obtenção de uma compreensão clara do material e a dedicação de um tempo extra para descobrir mais assuntos interessantes.*
> 3. *Estratégico: ênfase na busca por uma técnica de estudo que alcance as melhores notas, utilizando informações sobre procedimentos de avaliação "fazendo o jogo dos exames". Os itens enfocam questões como o estudo do mínimo de tópicos necessários ao bom desempenho em exames e a incorporação de truques úteis que maximizarão as notas.*
> (Biggs; Kember; Leung, 2001, citados por Baddeley; Eysenck; Anderson, 2011, p. 391)

O melhor desempenho é associado com a aprendizagem de estilo profundo, enquanto o pior desempenho é associado com a aprendizagem superficial. Podemos então perceber o quanto é importante que, ao estudar, o indivíduo compreenda totalmente o significado daquilo que está estudando e que saiba o que está envolvido na avaliação. Um estudo eficaz amplia a adoção de um estilo adequado de aprendizagem. Existe um método de leitura chamado **SQ3R**, que significa *Survey*, *Question*, *Read*, *Recite* e *Review*, ou pesquisa, questionamento, leitura, recitação e revisão (Morris, 1979, citado por Baddeley; Eysenck; Anderson, 2011). Esse método integra os cinco estágios da leitura eficaz.

No **estágio de pesquisa**, deve-se chegar a uma visão geral das informações lidas, provavelmente por meio da produção de um resumo do texto. Algumas partes devem ser ressaltadas no **estágio de questionamento**, no qual, com perguntas relevantes, chega-se a respostas respondidas pelo texto. No **estágio de leitura**, cada pergunta do estágio de questionamento é lida para atender a dois objetivos: responder as perguntas que foram pensadas anteriormente e integrar informações obtidas com o texto às informações preexistentes. Em seguida, deve-se tentar recordar as ideias-chave, no **estágio de recitação**. Caso as ideias não sejam totalmente recordadas, deve-se voltar ao estágio de leitura. Depois de ler todo o capítulo, chega-se ao **estágio de revisão**, no qual deve recordar as ideias-chave do texto, combinando as informações de partes diferentes em um todo coerente.

Ao estudar, o aluno pode se iludir. Levantar os aspectos essenciais do que se está estudando demonstra apenas que a pessoa consegue reconhecer as informações. Produzir essas informações sempre que precisar, ou seja, lembrar-se delas, é diferente. É por isso que testes são efetivos. Bjork (1992, citado por Baddeley;

Eysencke; Anderson, 2011) deixa claro o efeito dos testes, diferenciando a força de armazenamento da força de evocação. Se a força de evocação é baixa, a força de armazenamento aumenta, melhorando a memória de longo prazo. Fazer mais força para lembrar-se de uma informação garante que ela seja mais bem lembrada!

Na prática, melhorar a memória é facilitar a aprendizagem. Os testes são uma boa estratégia para isso porque demandam do aluno processar inúmeras vezes a informação até gravá-la. Melhor ainda do que o teste é o *feedback* após o teste, porque o aluno toma consciência do seu desempenho, sabendo em quais aspectos deve insistir mais. O estudo também se torna mais eficaz com a adoção de *flashcards* (cartões de memorização), permitindo que o aluno teste a si próprio e receba o *feedback* necessário.

Outra técnica mnemônica bastante útil são os mapas mentais. Baddeley, Eysenck e Anderson (2011, p. 394) definem: "O mapa mental é um diagrama no qual geralmente uma ideia central é ligada a diversas outras ideias e/ou conceitos de diversas formas". Os mapas estabelecem níveis para as ideias. O conceito central é rodeado pelos conceitos secundários e por palavras importantes, que, por sua vez, contêm palavras e conceitos inter-relacionados nas proximidades.

Se comparados ao método tradicional de anotações, os mapas mentais são mais vantajosos, porque o aluno manipula as informações de forma ativa, pois os conceitos que estão no mapa mental resultam de uma associação entre si. Mostrando as ideias essenciais, o mapa mental fornece uma imagem visual que facilita a recordação, principalmente se diversas cores forem utilizadas na sua construção (por exemplo, cada nível demonstrado por uma cor).

Budd (2004, citado por Baddeley; Eysencke; Anderson, 2011) observou que o aproveitamento desses mapas depende do estilo de aprendizagem do aluno. Aqueles que têm um estilo de aprendizagem mais ativo se beneficiam mais da construção de mapas mentais do que aqueles que têm um estilo mais reflexivo.

> **Importante!** A aprendizagem e a memorização dependem substancialmente do interesse da pessoa em relação ao assunto e do conhecimento prévio. Assim, se o indivíduo tiver um interesse elevado, encontrará mais facilidade para relacionar as informações novas às preexistentes.

O interesse em determinado assunto pode nos motivar a aprender sobre ele, facilitando o processo. Se estivermos motivados a alcançar objetivos plausíveis (porém difíceis) e se tivermos comprometimento com os objetivos propostos, poderemos inibir as distrações ambientais e melhorar nosso aprendizado.

A influência da motivação na aprendizagem será discutida mais profundamente no Capítulo 6.

## Síntese

Nossa identidade depende do que nos lembramos de nossa vida. Podemos aprender com nossas vivências porque a memória conecta presente e passado, permitindo-nos permitindo a viver o futuro.

A neuropsicóloga Brenda Milner, depois dos estudos realizados com o paciente H.M., chegou a algumas conclusões importantes sobre a memória: a porção medial dos lobos temporais nos possibilita adquirir novas memórias; a memória imediata (ou de curto prazo) não é dependente dos lobos temporais; as informações que passaram para a memória de longo prazo, ou seja, nosso conhecimento adquirido anteriormente, não são armazenadas no lobo temporal medial nem no hipocampo.

O parâmetro temporal engloba a memória de curto prazo, que retém a informação por um período curto de tempo. A memória de trabalho é um aspecto da memória de curto prazo, relacionada à manutenção ativa, à manipulação da informação na mente e à realização de operações cognitivas complexas. A diferença entre memória de curta duração e memória de trabalho é que esta requer um trabalho mental.

A memória de longa duração pode ser dividida em declarativa ou explícita e não declarativa ou implícita. A memória declarativa é aquela a que normalmente nos referimos quando falamos de memória, as recordações ou lembranças. A memória não declarativa é resultante da experiência, decorrente de uma mudança no comportamento, é inconsciente. Temos como exemplos o condicionamento clássico simples, a memória de procedimentos ou procedural e o *priming* ou pré-ativação.

A memória declarativa também pode ser classificada de acordo com seus conteúdos. A memória semântica armazena o conhecimento geral. A memória episódica, ou memória autobiográfica, armazena as memórias de nossa vida, estando relacionada à capacidade que temos de nos lembrar de episódios, fatos ou acontecimentos.

Para trazermos uma lembrança à consciência, precisamos ter realizado sua codificação, seu armazenamento e sua evocação. A codificação é o processamento da informação que causou uma mudança no cérebro. O armazenamento da informação a transfere da memória de curto prazo para a de longo prazo. As informações armazenadas podem ser mantidas por toda a vida. As mesmas estruturas cerebrais que processam a informação são as responsáveis por armazená-la. Essas estruturas, com a ajuda do hipocampo, são ativadas para que a evocação da informação ocorra.

Para que a memória funcione adequadamente, muitas regiões cerebrais são necessárias e muitas dessas regiões são extremamente suscetíveis a doenças ou a lesões cerebrais. O que é normalmente perdido na amnésia é a memória declarativa, de longo prazo. A memória declarativa é afetada por lesão no lobo temporal medial. Diferentes formas de memória não declarativa dependem de diferentes regiões encefálicas. A memória de curto prazo e a memória de trabalho dependem do córtex pré-frontal. A recuperação da informação requer a iniciativa dos córtices pré-frontal e temporal anterior.

Podemos treinar nosso cérebro para gravar melhor a informação utilizando recursos internos de auxílio à memória, ou seja, adotando estratégias. Há estudos que demonstram que, quando a informação a ser aprendida pode ser relacionada com a informação pré-existente, a codificação é mais intensa e mais facilitada. Quanto mais prática, melhor gravamos informações. Se gravamos bem as informações, significa que as aprendemos. Melhorar a memória, portanto, é facilitar a aprendizagem.

## Atividades de autoavaliação

1. Qual é o tipo de memória que armazena fatos que ocorrem em nossa vida?
   a) Memória procedural.
   b) Memória declarativa semântica.

c) Memória declarativa episódica.

d) Memória declarativa funcional.

2. Qual tipo de memória armazena os conhecimentos gerais, os conceitos e o significado de palavras?

    a) Memória procedural.

    b) Memória declarativa semântica.

    c) Memória declarativa episódica.

    d) Memória declarativa funcional.

3. Qual tipo de memória armazena nossos hábitos e ações automáticas referentes à habilidade motora?

    a) Memória procedural.

    b) Memória declarativa semântica.

    c) Memória declarativa episódica.

    d) Memória declarativa funcional.

4. A _____ serve para gerenciar a realidade, mantendo a informação que está sendo processada na mente durante um curto período tempo.

    a) memória gerenciadora.

    b) memória de contexto.

    c) memória funcional.

    d) memória de trabalho.

5. Suponha que você está somando uma coluna de números e então o telefone toca. Você atende e, quando volta aos números, percebe que esqueceu o total que havia somado. Esse total estava sendo mantido na memória de:

    a) longo prazo.

    b) curto prazo.

c) procedimentos.

d) Não estava sendo mantido em nenhuma delas.

## Atividades de aprendizagem
### Questões para reflexão

1. Qual é a importância da memória para nossa vida?

2. De que modo a memória está relacionada à aprendizagem?

3. Você precisa ensinar um aluno a aprender 20 palavras de vocabulário em inglês e algumas regras gramaticais. Como você pode ajudá-lo?

### Atividades aplicadas: prática

1. Faça um esquema descrevendo a memória quanto aos parâmetros temporais e ao tipo de conteúdo.

2. Leia novamente os processos da memória. Imagine como se dá a aquisição de uma determinada informação. Relate os passos necessários para que essa informação seja trazida à consciência.

3. Leia o caso fictício a seguir, identifique os problemas de memória que o paciente está apresentando e explique-os de acordo com o que você aprendeu.

> Adilson é casado e trabalha em um banco há 21 anos. A partir de um evento traumático, ele começou a cometer erros no trabalho, confundindo-se para gerenciar contas de clientes.

Ele relata que começou o uso de álcool aos 17 anos e, dez anos depois, começou a abusar da bebida. Adilson faz tratamento psiquiátrico há um ano e, desde então, está afastado do trabalho para tratamento de saúde.

Adilson apresenta dificuldades leves para concentrar a atenção, pouca capacidade para manipular informações na mente e para inibir estímulos irrelevantes, não conseguindo manter controle mental para flexibilizar em uma tarefa.

Com relação à memória, testes provam que houve prejuízo no registro, no armazenamento e na evocação de lista de palavras. No que se refere à memória semântica, foi observado um desempenho adequado. A aprendizagem está muito comprometida. A curva de aprendizagem é pequena; em outras palavras, Adilson não consegue armazenar a informação para uma evocação posterior nem raciocinar, perdendo as informações que precisava guardar na mente.

Na avaliação da memória em tarefas ecológicas (parecidas às realizadas no cotidiano), observamos prejuízo importante em tarefas do dia a dia. O paciente não conseguiu recordar que, quando terminasse a tarefa, teria de pedir seu pertence de volta, lembrar imediatamente de uma estória que lhe foi narrada, memorizar figuras vistas anteriormente nem se lembrar do nome e do sobrenome de uma pessoa apresentados com foto anteriormente.

Adilson faz cálculos simples, mas encontra dificuldade para realizar cálculos propostos oralmente, pois esquece os números que precisava guardar para somar ou esquece o enunciado do problema apresentado. Ele lê e escreve adequadamente.

# 5.

## As emoções

**Iniciando o diálogo**

Definir **emoção** é uma tarefa difícil e, por isso, não almejamos esgotar o tema, mas propor algumas reflexões. Neste capítulo, associamos as emoções ao funcionamento do corpo, à mente e à cognição. Também ressaltamos seu papel adaptativo e social e mostramos que os humanos, independentemente de cultura ou gênero, tendem a sentir emoções de forma semelhante, ainda que expressem apenas as emoções básicas da mesma forma. Além disso, procuramos construir uma tipologia, uma forma de hierarquia emocional, e demonstramos de que modo sentimos. Concluímos o capítulo com uma breve discussão sobre os fundamentos cerebrais da emoção.

Cada ação e cada pensamento que temos são acompanhados de reações emocionais e envolvem reações corporais e experiências psicológicas ou cognitivas. As emoções são uma fonte de motivação que nos induz a determinados comportamentos ou que sucede determinada ação. As pessoas procuram objetos e atividades para se sentirem bem e evitam fazer coisas que lhes façam mal. Ao expressarem sentimentos, as pessoas comunicam significados aos outros e orientam-se cognitivamente.

Falar de emoções não é necessariamente falar de humor. O humor é um estado emocional mais difuso e mais duradouro que influencia o pensamento e o comportamento. Segundo Morris (1992, citado por Gazzaniga; Heatherton, 2005, p. 315), "O humor reflete a percepção que temos de possuir ou não os recursos pessoais necessários para atender às demandas ambientais".

Quando processamos um estímulo externo, ou seja, quando usamos nossas capacidades cognitivas, surgem respostas afetivas imediatas que vão dar um matiz emocional às nossas percepções, no mesmo instante em que percebemos um objeto. Essas avaliações instantâneas nos orientam em relação à tomada de decisão, à memória e ao comportamento que iremos manifestar diante desse objeto.

Sofremos também a influência do humor, que pode alterar nossos processos mentais. Se estivermos bem humorados, temos a tendência de investigar os fatos que presenciamos de forma mais efetiva e de tomar decisões mais rápidas e eficientes, apresentando respostas mais criativas e elaboradas, de modo que conseguiremos ter mais persistência naquilo que estamos fazendo.

Se vivenciamos um afeto positivo, os níveis de dopamina aumentam, ativando de forma mais eficaz as projeções para o córtex pré-frontal e para o giro cingulado anterior. As emoções nos orientam na investigação dos fatos, capacitando-nos para uma rápida tomada de decisão. Entretanto, há momentos em que não conseguimos associar emoção e cognição: os julgamentos de risco são influenciados pelos sentimentos que estamos vivenciando no momento, gerando um conflito, do qual geralmente a emoção sai vitoriosa.

As emoções prendem nossa atenção e ajudam a memória. É muito mais difícil desviar a atenção de algo que nos inflige uma alta carga emocional. Da mesma maneira, é muito mais fácil recordar aquilo que evoca uma emoção.

## 5.1
O papel adaptativo das emoções

As emoções são de fundamental importância para nós porque trabalham em prol da nossa sobrevivência: elas nos avisam do perigo e fazem com que criemos vínculos com as pessoas, ou seja, provocam bem-estar e alegram nossa vida. Contudo, também podem nos causar problemas quando são muito intensas, escassas, sem intensidade ou sem variação adequada. Elas são respostas imediatas a eventos ambientais, variando de acordo com as experiências que vivenciamos. Portanto, as emoções são "sentimentos que envolvem avaliação subjetiva, processos fisiológicos e crenças cognitivas" (Gazzaniga; Heatherton, 2005, p. 315).

O fato de as emoções servirem como auxílio para garantir nossa sobrevivência significa que elas são adaptativas. Somos guiados pelas experiências positivas e negativas, tendendo a repetir as positivas e a evitar as negativas, de modo a aumentarmos nossa chance de sobreviver e de reproduzir. De acordo com Gazzaniga e Heatherton (2005, p. 315), "As emoções fornecem informações sobre a importância de um estímulo para os objetivos pessoais e preparam as pessoas para ações que ajudam na obtenção desses objetivos". Assim, as emoções nos preparam e nos orientam para que tenhamos comportamentos motivados.

## 5.2
O aspecto social das emoções

O ser humano é um ser social. As emoções estão relacionadas com o aspecto social da vida humana. Saber entender, reconhecer e antever as emoções das outras pessoas nos auxilia nas dinâmicas interpessoais a que somos expostos durante a vida.

Reconhecemos as emoções alheias por meio das expressões faciais das pessoas, pois é assim que estas comunicam as emoções que sentem. Utilizamos as expressões faciais para predizer e entender o comportamento dos outros e, com isso, obter um *feedback* acerca do nosso comportamento.

Charles Darwin investigou esse aspecto das emoções em animais e em humanos e observou que as características expressivas são adaptativas para todos os animais, inclusive os humanos (Gazzaniga e Heatherton, 2005, tradução nossa). Pelas expressões faciais um animal sabe quando o outro está sendo ameaçador ou perigoso.

As expressões faciais comunicam emoções de modo não verbal. Mediante a aprendizagem das expressões faciais, os bebês aprendem a interagir socialmente e passam a expressar também suas emoções. Aos 2 meses de idade, já são capazes de expressar raiva e tristeza e, aos 6 meses, já expressam medo. Dunlap (1927, citado por Gazzaniga; Heatherton, 2005, p. 316, tradução nossa) explica: "Assim, na ausência da expressão verbal, as manifestações não verbais de emoção sinalizam estados internos, humor e necessidades". O autor observou que a metade inferior do rosto é mais importante para comunicar emoções.

Portanto, por meio do reconhecimento e da interpretação das expressões faciais, as quais expressam toda sorte de emoções, podemos identificar a emoção do outro, interagir socialmente e responder de acordo com o que o outro deseja, precisa ou demanda. Além da percepção da expressão das emoções, o âmbito social nos fornece regras de expressão das emoções. Diferentes culturas manifestam emoções de formas distintas, o que é aprendido pela socialização, e ditam quais emoções são adequadas em cada situação.

Homens e mulheres demonstram as emoções de formas diferentes. Se, por exemplo, pensarmos no sorriso ou no choro, diremos que as mulheres manifestam essas emoções mais facilmente do que os homens, que, por sua vez, manifestam emoções relacionadas à dominação de modo mais fácil. Aprendemos com a convivência social que as mulheres "podem" manifestar emoções relativas a relacionamentos interpessoais e cuidados prestados a outros e que os homens "podem" manifestar emoções que compreendem sentimentos de competitividade, dominação e defesa. Então, não há diferença entre os sexos na vivência das emoções, apenas há diferença de gênero na sua manifestação. Homens e mulheres sentem as mesmas emoções, porém a cultura e os costumes ditam que as expressem de formas distintas.

## 5.3
Emoções primárias e emoções secundárias

Não precisamos nos esforçar para sentir medo, por exemplo, ao nos depararmos inesperadamente com uma cobra. O medo é uma emoção inata, pré-organizada. Ele faz parte do grupo de emoções primárias, que são processadas pelo sistema límbico, mais especificamente pela amígdala e pelo giro do cíngulo. Entretanto, as emoções primárias não compreendem toda a gama de emoções, mas são o nível mais básico.

Ao longo do desenvolvimento individual, as emoções secundárias vão também se desenvolvendo quando a pessoa começa a ter sentimentos e a categorizar objetos e situações em relação às emoções primárias. As emoções secundárias precisam de mais estruturas, além do sistema límbico, para ocorrerem. Elas demandam que os córtices pré-frontal e somatossensorial sejam ativados.

No livro *O erro de Descartes: emoção, razão e o cérebro humano*, Damásio (1996) inicia sua explanação sobre as emoções secundárias pedindo ao leitor que imagine uma situação na qual ele recebe a notícia da morte de alguém com quem conviveu por muito tempo, como um amigo ou um parceiro de trabalho. O autor supõe que, apenas lendo essas linhas ou imaginando a situação, já é possível experienciar as emoções consequentes; ele indaga o que acontece com o cérebro e com o corpo de alguém ao vivenciar emoções.

Vamos às reações físicas. Quando imaginamos a cena da notícia da morte do amigo, formamos imagens mentais, e estas causam mudanças no corpo, como sobressalto do coração, boca seca, pele empalidecida, contração na barriga ("frio na barriga"), tensão dos músculos do pescoço e das costas e expressão de tristeza no rosto. As vísceras (coração, pulmão, intestinos, pele), a musculatura esquelética (que "segura" os ossos) e as glândulas endócrinas (hipófise e suprarrenais) também mudam seu funcionamento. O cérebro libera hormônios que fazem com que o sistema imunológico se altere. Assim, o corpo sai de seu equilíbrio ótimo, condição chamada de *homeostase*.

Além das mudanças corporais, imaginar essas cenas faz com que consideremos uma série de coisas em relação à pessoa à qual se refere a notícia. Produzimos as imagens mentais, pensamos e refletimos sobre elas. Refletimos sobre nossa situação atual, sobre as possíveis consequências do acontecimento, enfim, fazemos uma avaliação cognitiva do que poderia acontecer. Sem nos darmos conta, "em um nível não consciente, redes no córtex pré-frontal reagem automática e involuntariamente aos sinais resultantes do processamento das imagens acima descritas" (Damásio, 1996, p. 165).

Essa ação do córtex pré-frontal acontece porque temos representações relativas ao nosso conhecimento sobre esse tipo de situação, com as quais se combinam respostas emocionais. Essas representações são adquiridas. Segundo Damásio (1996, p. 166), "disposições pré-frontais adquiridas, necessárias para as emoções secundárias, são distintas das disposições inatas, aquelas necessárias para as emoções primárias. Mas, como se verá em seguida, as primeiras precisam das últimas para poder se expressar".

Assim, o córtex pré-frontal manda uma mensagem, relativa a essas representações, à amígdala e ao giro do cíngulo anterior. Estes, por sua vez, vão ativar o sistema nervoso autônomo, gerando uma situação desencadeadora, que culmina por enviar sinais ao sistema motor. A musculatura esquelética faz o corpo adotar uma postura e uma expressão facial relativas àquela emoção. O sistema endócrino será ativado e, através de seus hormônios, mandará uma mensagem ao cérebro. O cérebro ativará neurotransmissores que vão auxiliar no processamento dessa emoção e das cognições associadas a ela.

As emoções são produto da avaliação mental que fazemos de uma determinada situação, a qual gera respostas que afetam o corpo e o cérebro. Ao percebermos todas as mudanças que constituem a resposta emocional e ao experienciarmos essas mudanças, temos os sentimentos.

Ao recebermos a notícia do amigo que morreu, por exemplo, nosso cérebro avisa o corpo sobre as mudanças que está sofrendo e o corpo envia mensagens para o cérebro, que também vai se transformando, pois está avaliando e refletindo sobre a situação (através de impulsos nervosos e de hormônios, os quais vão ativar determinados neurotransmissores). Para Damásio (1996, p. 75, grifo nosso), "Este processo de acompanhamento contínuo, essa experiência de que o corpo está fazendo enquanto pensamentos sobre conteúdos específicos continuam a desenrolar-se, é a essência daquilo que chamo de um sentimento". Fernandez, Goldberg e Michelon (2013, p. 16, tradução nossa) afirmam que "Sentimentos são parte da experiência emocional: eles são o meio pelo qual conscientemente percebemos e descrevemos as emoções".

## 5.4
Como sentimos e vivenciamos as emoções?

Muitas vezes, as emoções não são passíveis de serem colocadas em palavras, mas sabemos que elas têm três componentes: a experiência subjetiva, as mudanças físicas que ocorrem quando as estamos vivenciando e as avaliações cognitivas que fazemos nesse momento.

O **componente subjetivo** nos informa que cada um experiencia as emoções de modo particular ou subjetivo, de modo único, fazendo com que a intensidade delas varie, mas o excesso ou a ausência de reações emocionais pode ser um sinal de problemas. No entanto, só temos como saber do componente subjetivo por meio do relato das pessoas, que pode ser de traço (como se sentem em geral) e de estado (como se sentem em determinado momento).

O componente subjetivo nos indica também que experienciamos diferentes tipos de emoção: as emoções primárias e as secundárias, que já tiveram seus mecanismos de ativação corporal e cerebral descritos previamente. As emoções primárias são adaptativas, inatas, comuns a todas as culturas e associadas a estados biológicos e físicos específicos. São elas a raiva, o medo, a tristeza, o nojo, a felicidade, a tristeza e a surpresa. Todas as culturas expressam essas seis emoções primárias (ou básicas) por meio das expressões faciais. As emoções secundárias correspondem a derivações das emoções primárias, classificadas segundo suas várias nuances, como o remorso, a culpa, a submissão e a antecipação. Por exemplo, a emoção primária seria o medo, e a emoção secundária compreenderia todas as reflexões que aprendemos sobre o medo que nos fariam sentir pânico ou timidez, as quais são derivadas do medo.

As emoções variam de acordo com a intensidade, para mais ou para menos. Por exemplo, podemos ficar alegres quando encontramos uma nota de cinquenta reais na rua ou se ganharmos na loteria; em ambas as experiências, a emoção é a mesma, mas sua intensidade varia.

Podemos pensar as emoções também em termos de motivação e objetivo. Diferentes emoções podem nos aproximar ou afastar de uma situação. Por exemplo, alegria e surpresa podem fazer com que nos aproximemos de uma situação, enquanto medo e aversão podem provocar nosso afastamento.

O **componente fisiológico** vincula a emoção a mudanças corporais. Duas teorias propõem aspectos um pouco diferentes. A teoria da emoção de James-Lange postula que sentimos a emoção depois de perceber respostas corporais, ou seja, "experimentamos a emoção em resposta a alterações fisiológicas em nosso organismo" (Bear; Connors; Paradiso, 2002, p. 581). Já a teoria de Canon-Bard propõe que as estruturas subcorticais do cérebro processam a emoção vinculada a uma determinada informação, fazendo com que o sujeito experimente tanto a emoção quanto a reação física ligadas a ela.

O **componente cognitivo** da emoção é baseado na teoria de dois fatores de Schacter-Singer, para quem elas ocorrem mediante a interação entre o fisiológico e o cognitivo. Assim, o cognitivo, ou seja, o que pensamos, afeta as emoções. Elas seriam parte de um sistema psicológico que compreende outras emoções, cognições e comportamentos. O modo pelo qual pensamos sobre um evento (estruturação cognitiva) pode afetar a intensidade da resposta emocional e influenciar o modo de avaliá-la. Segundo Smith e Ellsworth (1985, citados por Gazzaniga; Heatherton,

2005), as emoções variam de acordo com seis dimensões: o quanto desejamos o resultado, o quanto nos esforçamos antecipadamente a uma situação, o quanto temos certeza do resultado, o quanto direcionamos nossa atenção à situação, o quanto sentimos ter de controle sobre a situação e o quanto pensamos que forças externas controlam a situação.

> **Importante!**
>
> O **senso de humor** é um modo de regular as emoções negativas. O humor aumenta o afeto positivo porque o riso estimula secreções endócrinas, o sistema imunológico e a liberação de hormônios (catecolaminas e endorfinas). Quando as pessoas riem, experienciam o aumento da circulação, da pressão sanguínea, da temperatura da pele e dos batimentos cardíacos, juntamente com uma redução na percepção da dor. O riso provoca um efeito parecido com o efeito resultante da atividade física. Essas alterações fisiológicas são benéficas para a saúde tanto a curto quanto a longo prazo.

# 5.5
## A neurofisiologia das emoções

Qual é a base neurofisiológica da emoção? O corpo participa quando experienciamos as emoções. Hormônios, neurotransmissores e drogas afetam os estados de humor. Determinadas emoções, quando experenciadas, estão relacionadas à ativação de determinadas áreas do cérebro. Nojo, tristeza e felicidade, por exemplo, ativam o tálamo e o córtex pré-frontal; felicidade e tristeza aumentam a ativação no hipotálamo; o medo ativa a amígdala; o nojo ativa a ínsula.

Lesões ou estimulações de determinadas áreas do cérebro (núcleo dorsomedial e núcleos anteriores do tálamo) provocam alterações emocionais, tanto nos humanos como nos animais, pois essas áreas estão conectadas ao sistema límbico.

O sistema nervoso autônomo é ativado quando sentimos emoções. Quando estamos com raiva, nosso rosto fica corado e nossas pupilas contraem. Segundo pesquisa realizada por Zajonc e colaboradores (1989, citados por Gazzaniga; Heatherton, 2005), emoções positivas são produzidas quando o cérebro se resfria e, quando o cérebro se aquece, experimentamos emoções negativas. Dar uma esfriada na cabeça literalmente funciona! Como isso acontece? As expressões faciais, por meio dos músculos da face, controlam o fluxo de ar que vai para o cérebro, resultando no aquecimento ou no resfriamento do hipotálamo. Com isso, a liberação de neurotransmissores que influenciam emoções é afetada.

O sistema límbico é o conjunto de estruturas cerebrais que processam as emoções. É composto por amígdala, córtex orbitofrontal, porções dos gânglios basais, hipotálamo, tálamo, giro do cíngulo e hipocampo. O significado emocional dos estímulos é processado pela amígdala, gerando reações emocionais e comportamentais imediatas. Conforme os estudos de Ledoux (1996), o papel da amígdala no processamento afetivo das emoções foi desenvolvido ao longo da evolução para proteger os animais do perigo. A amígdala seria a estrutura cerebral responsável pela aprendizagem emocional ou pelo desenvolvimento do medo por meio do condicionamento clássico.

Em 1939, Klüver e Bucy (citados por Gazzaniga; Ivrye; Mangun, 2009, tradução nossa) observaram que lesões da amígdala faziam com que macacos demonstrassem não sentir medo em situações em que normalmente o fariam (síndrome de Klüver-Bucy). Entretanto, humanos que apresentam lesões na amígdala não mostram os sintomas da síndrome de Klüver-Bucy, mas têm apenas dificuldade para processar o medo.

A informação chega até a amígdala através de duas vias separadas que trabalham de forma simultânea (Ledoux, 1996, citado por Gazzaniga; Ivry; Mangun, 2009, tradução nossa). Uma via é mais rápida, na qual a informação sensorial relativa a um estímulo é projetada ao tálamo, para em seguida ir até a amígdala, de modo a detectar se o estímulo é perigoso ou não.

Ao mesmo tempo, a informação sensorial relativa a esse estímulo é projetada até a amígdala por outra via mais lenta. Nessa via, a informação sensorial vai do tálamo até o córtex sensorial, que analisa o estímulo de forma mais detalhada, e finalmente o córtex sensorial a projeta para a amígdala. É como se a via mais lenta confirmasse o processamento da via mais rápida: de forma ágil se decide se o estímulo que está sendo processado é ameaçador e, depois de uma apreciação mais detalhada, a informação é confirmada. Se o estímulo for ameaçador, a via mais rápida já preparou o animal a responder.

Afirmar que a amígdala ajuda a memória significa dizer que as experiências coloridas pela emoção são mais facilmente armazenadas na memória. Isso ocorre porque, durante as experiências emocionais, há a liberação de hormônios do estresse, que facilitam o armazenamento desses eventos na memória. A amígdala interage com o sistema de memória declarativa, dependente do hipocampo, quando a informação é emocional. É necessário que a amígdala forneça as respostas emocionais indiretas ao estímulo que foi armazenado de forma explícita. Ela também "pode fortalecer as memórias declarativas ou explícitas para eventos emocionais através da modulação do armazenamento destas memórias" (Gazzaniga; Ivry; Mangun, 2009, p. 375, tradução nossa).

Por meio de experimentos com animais que portaram lesões na amígdala e com humanos que sofreram o mesmo tipo de lesão, sabemos que há duas maneiras de aprender sobre o medo. Uma delas é o condicionamento, no qual um estímulo neutro (que não causa medo) é pareado com um estímulo incondicionado (causador de medo). O estímulo incondicionado gera uma resposta incondicionada (o medo). Após sucessivos pareamentos, ocorrerá a resposta condicionada (o medo frente ao estímulo neutro). Podemos aprender a ter medo ou a evitar um estímulo ou porque nos damos conta de que ele é ameaçador, ou porque alguém nos disse que ele é perigoso: essa é a "aprendizagem emocional em humanos [...] nos humanos, a amígdala é ocasionalmente crítica para a expressão indireta da resposta de medo quando a aprendizagem emocional ocorre explicitamente, por outros meios que o condicionamento do medo" (Gazzaniga; Ivry; Mangun, 2009, p. 375-376, tradução nossa).

Se analisarmos nossa memória, no dia a dia, veremos que não nos lembramos tanto de coisas banais quanto daquelas cenas carregadas de emoção (boas ou ruins) ou daquelas cenas importantes que podem nos acompanhar durante toda a vida. É a amígdala que faz com que as memórias com carga emocional persistam de forma vívida em nossa mente. Outro papel da amígdala no processamento das emoções é sua capacidade de perceber estímulos sociais, ou seja, ela auxilia a decifrar o significado afetivo das expressões faciais. Uma possível consequência de lesões na amígdala é a dificuldade em perceber a expressão de medo nos rostos.

Damásio (1996) relata diversos experimentos em que lesões do sistema límbico afetam ou diminuem a capacidade de processamento das emoções primárias, enquanto as lesões do córtex pré-frontal limitam o processamento das emoções secundárias.

> É a amígdala que faz com que as memórias com carga emocional persistam de forma vívida em nossa mente.

O córtex orbitofrontal é responsável por avaliar se determinada situação (ou objeto) vai nos trazer recompensa. Estudos realizados por Damásio (1996) demonstraram que uma lesão na região orbitofrontal impossibilita que os marcadores somáticos sejam utilizados. Como consequência disso, as informações deixam quase que totalmente de ter significado afetivo. Por exemplo, quando um evento trágico é recordado, a pessoa pode descrevê-lo em detalhes, mas sem vivenciar a emoção que o acompanharia.

Os hemisférios processam as emoções de forma desigual. Davidson e colaboradores (2000, citados por Gazzaniga; Heatherton, 2005, p. 331) observaram, em vários estudos, que ocorre assimetria cerebral no processamento das emoções: o lobo frontal esquerdo é ativado de forma diferente do que ocorre com o lobo frontal direito em determinados estados emocionais. Também constataram que a assimetria cerebral está relacionada à motivação. Por exemplo, quando o hemisfério esquerdo está mais ativado, está associado a um sentimento de "maior confiança e esforço na busca de objetivos" e, quando o hemisfério direito está mais ativado, pode ocorrer "falta de motivação, um sintoma de depressão clínica" (Gazzaniga; Heatherton, 2005, p. 331).

Outras pesquisas indicam que o hemisfério direito participa mais do que o esquerdo no "processamento básico da emoção" (Sperry et al., 1969, citados por Damásio, 1996, p. 169) e "na interpretação e compreensão do material emocional" (Gazzaniga; Heatherton, 2005, p. 332). Estudos com neuroimagem conseguem nos mostrar que ambos os hemisférios são ativados pela estimulação emocional, porém o lado direito mais do que o esquerdo (Gazzaniga; Heatherton, 2005, p. 332). O hemisfério direito também consegue detectar melhor "o tom emocional da fala, enquanto o hemisfério esquerdo é mais exato ao decodificar o conteúdo semântico" (Gazzaniga; Heatherton, 2005, p. 332). Portanto, as emoções positivas ativam o hemisfério esquerdo e as negativas, o direito.

## Síntese

As emoções são sentimentos que nos fazem realizar comportamentos ou que ocorrem depois de uma ação. Geralmente procuramos objetos e atividades que nos façam nos sentir bem e evitamos fazer coisas que nos façam nos sentir mal.

O humor é um estado emocional mais difuso e mais duradouro que influencia o pensamento e o comportamento. É diferente do afeto (emoção) porque este é instantâneo.

Tudo o que vivemos sempre está influenciado por um matiz emocional. Assim, as emoções, constantes em nosso cotidiano, refletem-se em nosso corpo. O afeto positivo, por exemplo, aumenta os níveis de dopamina, proporcionando-nos bem-estar.

As emoções são de fundamental importância porque trabalham em prol de nossa sobrevivência, ou seja, são adaptativas. Temos a tendência de repetir as experiências positivas e a evitar as negativas, aumentando as chances de sobrevivência e reprodução.

Assim, as emoções nos preparam e nos orientam para que tenhamos comportamentos motivados.

As emoções estão relacionadas com o aspecto social da vida humana, auxiliando nas dinâmicas interpessoais a que somos expostos durante a vida. Por exemplo, por meio do reconhecimento e da interpretação das expressões faciais, podemos saber do outro, interagir socialmente e, dessa forma, responder de acordo com o que o outro deseja, precisa ou demanda.

As emoções primárias são processadas pelo sistema límbico, mais especificamente pela amígdala e pelo giro do cíngulo. As emoções secundárias, além do sistema límbico, precisam da ativação dos córtices pré-frontal e somatossensorial. As emoções primárias são adaptativas, inatas, comuns a todas as culturas e estão associadas a estados biológicos e físicos específicos, como a raiva, o medo, a tristeza, o nojo, a felicidade, a tristeza e a surpresa. As emoções secundárias são derivadas das emoções primárias, como o remorso, a culpa, a submissão e a antecipação.

Para vivenciar as emoções, precisamos de três componentes: o subjetivo, o qual nos mostra que cada um experiencia as emoções de modo particular ou subjetivo; o fisiológico, que vincula a emoção a mudanças corporais (temos os pressupostos da teoria da emoção de James-Lange e da teoria de Canon-Bard formulando hipóteses para a relação das emoções e do corpo); e o cognitivo, baseado na teoria de dois fatores de Schacter-Singer, segundo a qual as emoções ocorrem mediante a interação entre o fisiológico e o cognitivo.

A base neurofisiológica das emoções é relacionada ao funcionamento do sistema límbico (no qual a amígdala desempenha papel fundamental), ao tálamo e ao córtex pré-frontal.

## Atividades de autoavaliação

1. Leia atentamente cada afirmação e coloque, no espaço adequado, V para as alternativas corretas e F para as incorretas.

    ( ) As emoções se referem a sentimentos que envolvem avaliação subjetiva, processos fisiológicos e crenças cognitivas.

    ( ) As emoções são sentimentos que surgem posteriormente a eventos ambientais.

    ( ) As emoções são adaptativas porque preparam e orientam comportamentos motivados, como correr quando estamos em perigo.

    ( ) As emoções sempre influenciam a tomada de decisão, ignorando os julgamentos e as avaliações.

    ( ) As memórias autobiográficas mais intensas que temos estão fortemente relacionadas com as emoções.

    ( ) As emoções são subjetivamente experienciadas. Sua intensidade varia, mas pessoas muito emotivas ou pouco emotivas tendem a apresentar problemas psicológicos.

    ( ) As emoções primárias são evolutivamente adaptativas e experienciadas por todas as culturas, associadas a estados biológicos e físicos específicos.

    ( ) As emoções secundárias não são derivadas das emoções primárias, mas de uma construção cognitiva que parte das emoções primitivas.

( ) A teoria de Cannon-Bard propõe que a informação de um estímulo produtor de emoção é processada em estruturas subcorticais, provocando a experiência de duas coisas separadas aproximadamente ao mesmo tempo: uma emoção e uma reação física. Entretanto, essa teoria não é muito apoiada no meio científico.

( ) A teoria de dois fatores da emoção propõe que toda situação evoca tanto uma resposta fisiológica quanto uma interpretação cognitiva. Sempre que as pessoas sentem alguma emoção, tendem a tentar entender o que lhes provoca aquela emoção, contudo elas nem sempre estão corretas em suas conclusões.

( ) As pessoas experienciam as emoções mediante três fatores: experiência subjetiva, mudanças fisiológicas e interpretação cognitiva. Entretanto, por mais que utilizem estratégias para alterar seu humor, ele é constante e não pode ser alterado.

( ) O sistema nervoso autônomo está relacionado às emoções: as pessoas experienciam resultados das atividades dos componentes simpático e parassimpático quando sentem emoções.

## Atividades de aprendizagem
Questões para reflexão

1. Qual é a relação das emoções com o sistema nervoso autônomo?

2. Duas teorias tentam explicar a relação entre emoções e corpo (fisiologia). Com qual das duas você concorda? Justifique.

3. Dependendo da pessoa, as emoções podem ser boas ou ruins. Por quê?

4. Para que servem as emoções? Como nos ajudam a viver em sociedade?

## Atividade aplicada: prática

Um aspecto das emoções é a vivência de situações que trazem demandas que podemos considerar acima da nossa capacidade de suportar. É nesse momento que ocorre o estresse. Faça uma pesquisa bibliográfica sobre o estresse. Verifique se há relatos da interferência dele na aprendizagem.

# 6.

## A motivação

**Iniciando o diálogo**

Este capítulo tem por objetivo discorrer sobre as definições do termo *motivação* e os vários aspectos relativos ao que nos motiva a realizar determinados comportamentos. Citaremos, sem a audácia de exaurir o tema, algumas teorias da motivação.

Por fim, relacionaremos o conhecimento vigente sobre motivação ao funcionamento de certas estruturas do cérebro e descreveremos aspectos que relacionam a motivação e as emoções.

Segundo Gazzaniga e Heatherton (2005, p. 287), "A motivação é um conjunto de fatores psicológicos, conscientes ou não, de ordem fisiológica, intelectual ou afetiva, que determinam certo tipo de conduta em alguém". Ela pode ser extrínseca (o fator motivacional se origina fora, é exterior ao indivíduo) ou intrínseca (o fator motivacional é interno). A **motivação extrínseca** está relacionada aos objetivos externos para os quais a atividade está sendo dirigida, tal como a redução do impulso ou a recompensa. Por exemplo, trabalhamos para ganhar o salário no final do mês.

Já a **motivação intrínseca** se refere ao valor ou prazer que está associado à atividade, mas não tem nenhum propósito ou objetivo biológico aparente. Os comportamentos intrinsecamente motivados são inerentes ao próprio comportamento. Por exemplo, filhotes de cachorro (e crianças também!) brincam porque brincar é prazeroso e auxilia a aprender sobre o meio ambiente e sobre o mundo social. Os comportamentos intrínsecos dão oportunidade para a manifestação da criatividade.

De acordo com Gazzaniga e Heatherton (2005, p. 288),

> *Criatividade é a tendência a gerar ideias ou alternativas que podem ser úteis para resolver problemas, comunicar e entreter os outros e a nós mesmos (Franken, 1998).*
>
> *A criatividade envolve construir imagens novas, sintetizar duas ou mais ideias ou conceitos e aplicar conhecimentos existentes à solução de novos problemas. A mente humana também tenta consolidar informações em histórias coerentes. As pessoas são motivadas a compreender o mundo e, exatamente como os pacientes com cérebro secionado que confabulam para compreender as informações conflitantes que chegam em seus hemisférios separados, desenvolvem ativamente explicações de como o mundo funciona e como eventos causais estão conectados.*

A aprendizagem faz com que os comportamentos recompensados tendam a aumentar em frequência, ou seja, tendam a se repetir. Teoricamente, os comportamentos que têm motivação intrínseca são recompensados por si sós. Por outro lado, as recompensas extrínsecas podem enfraquecer a motivação intrínseca e diminuir a probabilidade de o comportamento recompensado acontecer. Em um estudo realizado em 1973 (Lepper e colaboradores, citados por Gazzaniga; Heatherton, 2005), solicitou-se que algumas crianças desenhassem com canetas coloridas (atividade que a maioria das crianças julga como tendo motivação intrínseca). As crianças foram então divididas em grupos. O primeiro grupo tinha um motivo extrínseco para desenhar, pois foram informadas que o melhor desenho ganharia um prêmio; o segundo grupo foi recompensado após a tarefa sem ter esperado por isso; e o terceiro grupo não recebeu recompensa nem esperou que houvesse uma. Após o desenho, as crianças podiam brincar livremente. As crianças que esperavam receber uma recompensa extrínseca brincaram por menos tempo do que o grupo que não foi recompensado ou do que o grupo que recebeu uma recompensa inesperada. Questionando-se a causa de as recompensas extrínsecas reduzirem o valor intrínseco de um comportamento, pode-se concluir que este ocasiona sentimentos de controle pessoal e de competência, fazendo com que as pessoas sintam bem-estar, o que possibilita que elas utilizem mais sua criatividade durante suas atividades. Realizar uma atividade apenas pela recompensa extrínseca não satisfaz a necessidade de autonomia do ser humano. A atividade "perde a graça", deixa de ter razão de ser!

No entanto, muitas vezes as pessoas não sabem por que fazem certas coisas, pelo fato de não conseguirem ter autopercepção suficiente. Por isso, fazem inferências a respeito de suas motivações.

Como explicam Gazzaniga e Heatherton (2005, p. 288),

> *Quando as pessoas não conseguem encontrar uma explicação externa óbvia para o seu comportamento (como ser recompensada ou satisfazer uma necessidade biológica), elas concluem que apresentaram aquele comportamento simplesmente porque gostam de fazer aquilo. Recompensar as pessoas por realizar uma atividade intrínseca, todavia, lhes dá uma explicação alternativa de por que estão fazendo aquilo. Não é porque aquilo é divertido; é por causa da recompensa. Consequentemente, na ausência de recompensa, não há nenhuma razão para apresentar o comportamento.*

Talvez por isso estudar apenas para tirar notas altas não seja tão prazeroso e empolgante. Logo, aprender pelo processo, pelo prazer de estabelecer relações entre conceitos e obter mais conhecimento, provavelmente seja uma motivação intrínseca. Quando a nota serve de referencial sobre o desempenho, ela mostra o quanto de controle pessoal está tendo sobre a aprendizagem e, assim, não enfraquece a motivação intrínseca. Pode até mesmo reforçar o estudo, pois, desse modo, o aluno sabe que está aprendendo e se está aprendendo bem.

Gazzaniga e Heatherton (2005, p. 288) complementam:

> *Além disso, recompensas extrínsecas só enfraquecem os comportamentos que são intrinsecamente recompensadores. Assim, o desafio para os educadores é encontrar maneiras de aumentar o valor intrínseco do trabalho escolar. Não sendo possível isso, as recompensas extrínsecas podem ser usadas para fazer parecer que vale a pena realizar uma tarefa de outra forma aborrecida.*

A novidade, a curiosidade, a brincadeira e as atividades criativas aumentam a excitação (*arousal*)[1], o que demonstra o quanto alguém está ativo e alerta e como reage aos eventos no seu contexto. Por exemplo, uma pessoa pode ficar muito mais animada e motivada se vai a uma palestra sabendo que encontrará alguém que acha atraente. Segundo a **lei de Yerkes-Dodson** (1908, citado por Gazzaniga; Heatherton, 2005), a eficiência do comportamento aumenta com a excitação até um nível ótimo e depois decai. Por isso, a ansiedade, em um nível moderado, faz com que a pessoa se "mova" para estudar e se saia bem em uma prova; já com muito pouca ansiedade, a pessoa pode ficar desatenta, desmotivada; e, com um nível de ansiedade excessivo, a pessoa pode se sair muito mal (ter os famosos "brancos", quando, de tão ansiosa, a pessoa para de pensar e não consegue lembrar-se do conteúdo estudado). Os comportamentos intrínsecos nos motivam porque nos excitam (*arousal*) e chamam nossa atenção.

Todas as pessoas desejam atingir objetivos. Os motivos que levam as pessoas a atingi-los são as intenções, as quais podem refletir necessidades psicossociais de poder, autoestima e realização. Murray (1930, citado por Gazzaniga; Heatherton, 2005) listou 27 necessidades psicossociais básicas, como necessidade de poder, autonomia, realização, sexo e lazer. Os objetivos pessoais têm motivações particulares. Para conseguir atingir um objetivo pessoal, precisamos dispor de autorregulação do comportamento, que vai nos capacitar a iniciar, modular ou terminar ações para atingi-los.

A autorregulação do comportamento, portanto, é o processo pelo qual as pessoas iniciam, ajustam ou terminam ações a fim de alcançar objetivos pessoais. Quando estamos cansados, estudando

---

[1] *Arousal* "é uma noção fundamental na compreensão da relação entre ansiedade e a performance" (Estudo da..., 2014).

ou trabalhando até altas horas para dar conta das atividades, podemos nos perguntar qual a razão de tamanho esforço. Para a maioria das pessoas, os objetivos a longo prazo justificam o trabalho duro e os sacrifícios.

A **teoria da colocação de objetivos** foi desenvolvida por Locke (1968, citado por Baddeley; Eysenck; Anderson, 2011) e depois modificada (Locke; Latham, 2002, citados por Baddeley; Eysenck; Anderson, 2011). Ela propõe que "os objetivos conscientes têm um grande impacto sobre a motivação e sobre o comportamento das pessoas. Mais especificamente, quanto mais difíceis os objetivos que pretendemos alcançar, tanto melhor será nosso desempenho" (Baddeley; Eysenck; Anderson, 2011, p. 400).

Ainda sobre os objetivos: é importante direcionarmos nossa atenção e nossos esforços para atingi-los. Precisamos manter uma espécie de compromisso com eles, experienciando sentimentos de comprometimento, persistência e dedicação para alcançá-los. Precisamos saber o que queremos. Nossos objetivos precisam ser claros e específicos. Ademais, é preciso desenvolver estratégias para nossa atuação. Isso tudo vai influenciar nossa capacidade de autorregular nossos comportamentos.

Segundo Gazzaniga e Heatherton (2005, p. 290),

> *Locke e Latham sugerem que os objetivos desafiadores, difíceis e específicos são mais produtivos. Objetivos desafiadores despertam maior esforço, persistênciae concentração, enquanto objetivos fáceis ou difíceis demais podem enfraquecer a motivaçãoe frequentemente levam a maus resultados. Objetivos que podem ser divididos em etapas específicas e concretas também favorecem o sucesso. Uma pessoa interessada em correr a Maratona de Boston precisa primeiro desenvolver resistência para correr um quilômetro. Depois de atingir o objetivo de correr um quilômetro, a pessoa pode se*

*propor objetivos mais desafiadores até chegar à maratona de 26 quilômetros. Focalizar objetivos concretos no curto prazo facilita a conquista dos objetivos de longo prazo.*

A limitação dessa teoria é que ela não considera as distrações que podem ocorrer no percurso até atingirmos o objetivo. Gollwitzer (1999, citado por Baddeley; Eysencke Anderson, 2011) propõe as **intenções de implementação**, as quais "especificam quando, onde e como as respostas levam ao alcance de objetivos" (Gollwitzer, 1999, p. 494, citado por Baddeley; Eysenck; Anderson, 2011, p. 400).

Assim, os objetivos se tornam mais alcançáveis porque levamos em conta as distrações no planejamento de como atingi-los, ou seja, precisamos considerar as distrações. Por exemplo, suponha que você programou estudar durante 4 horas no próximo sábado para uma prova, mas você gosta de assistir a maratonas de seriados na TV no sábado à tarde e também quer se encontrar com os amigos para conversar. Para não se distrair e acabar estudando menos do que o necessário, você pode levar em conta duas intenções de implementação: gravar o programa para assistir e combinar com os amigos de se encontrar em uma determinada hora em um barzinho para conversar (ambas depois de estudar!). Com as intenções de implementação, "a maioria dos objetivos são muito mais alcançáveis" (Baddeley; Eysenck; Anderson, 2011, p. 400), pois elas funcionam como se criássemos um hábito, que, por sua vez, é desencadeado por estímulos relevantes que nos dão informações sobre quando e onde as ações devem ocorrer.

Bandura, citado por Gazzaniga e Heatherton (2005), propôs que o quanto esperamos conseguir alcançar um objetivo pessoal também é muito importante para a motivação. O quanto achamos que podemos ter sucesso em chegar a um determinado resultado vai influenciar nossa motivação e, por conseguinte, nossas ações. Se tivermos sentimentos suficientes de autoeficácia, teremos mais facilidade para mobilizar nossas energias durante o processo (de esforço, atitudes e realizações), o que nos levará ao nosso objetivo. Se não acreditarmos que vamos conseguir, iremos nos defrontar com sentimentos de baixa autoeficácia, o que pode causar um desânimo tão grande que não nos permitirá nem tentar. As pessoas que têm sentimentos de grande autoeficácia podem estabelecer objetivos elevados e obter resultados favoráveis.

McClelland (citado por Gazzaniga; Heatherton, 2005) estudou, durante quase 50 anos, pessoas com alta motivação para a realização e descobriu que "o desejo de realizar ajuda as pessoas a ter sucesso" (Gazzaniga; Heatherton, 2005, p. 290). Ele observou que alunos que tinham alta motivação para a realização se sentavam na frente da sala de aula, tinham melhores notas e eram mais realistas no que dizia respeito às aspirações profissionais. Seus pais traçavam objetivos mais elevados e os estimulavam para que fossem mais persistentes; não davam muito crédito a desculpas sobre o mau desempenho e, quando isso acontecia, incentivavam os filhos na busca de soluções. O único problema de pessoas com alta motivação é que elas tendem a concentrar as responsabilidades do trabalho para si, delegando pouco, ficando, assim, muito assoberbadas e correndo o risco de isso lhes acarretar pouca realização (McClelland, 1987; Spangler; House, 1991, citados por Gazzaniga; Heatherton, 2005, p. 290).

Mas não podemos conseguir tudo o que queremos a curto prazo e muitas vezes sem abdicar de outras coisas. O que devemos fazer para alcançar nossos objetivos? Novamente, devemos ser capazes de autorregular nossos comportamentos, ter autoconsciência e ser capazes de adiar a gratificação.

Todos têm um padrão ideal de comportamento. Se não conseguimos atingi-lo, sentimo-nos tristes, frustrados e ansiosos, o que sinaliza que não estamos atingindo nossos objetivos pessoais. Se não acreditarmos que podemos ter sucesso, a chance de desistir aumenta e corremos o risco de apresentar comportamentos autodestrutivos em função de nossa frustração, de modo a evitarmos a autorreflexão e a autoconsciência. Ter conhecimento de nossas falhas não é uma tarefa fácil!

Outras vezes precisamos "aguentar" o adiamento da gratificação por nossos objetivos (a longo prazo). Esse é um desafio para nossa capacidade de autorregulação. Em um experimento clássico, Mischel e colaboradores (1989, citados por Gazzaniga; Heatherton, 2005) propuseram que algumas crianças deveriam escolher entre esperar para receber um doce que adorassem ou ganhar imediatamente outro doce menos apreciado. Algumas crianças conseguiram adiar a gratificação melhor do que outras. O pesquisador observou, anos depois, que a capacidade de conseguir adiar a gratificação prediz o sucesso na vida. As crianças com 4 anos de idade que conseguiram adiar a gratificação (esperar pelo doce) foram avaliadas aos 14 anos como tendo mais competência social; elas também eram mais capazes de lidar com a frustração. Como conseguiram isso? Para conseguirem adiar a gratificação, algumas crianças simplesmente a ignoravam, enquanto outras se distraíam durante o tempo de espera; mas a melhor estratégia é desdenhar!

Pensemos em uma barganha comercial: o bom comerciante não mostra aflição em vender ou comprar uma mercadoria! Tanto ele quanto as crianças que conseguiram adiar a gratificação fazem uso de cognições frias. As cognições quentes referem-se aos aspectos gratificantes e prazerosos dos objetos, enquanto as cognições frias apenas enfocam os significados conceituais ou simbólicos dos objetos desejados. Para desdenhar (ou transformar as cognições quentes em frias), é necessário transformar mentalmente o objeto desejado em indesejado.

Esses dois tipos de cognição são diferentes porque dependem de como as informações são processadas no cérebro. As **cognições quentes** são ligadas à amígdala, que processa os aspectos gratificantes de estímulos biologicamente importantes. As **cognições frias** são processadas pelo hipocampo, que relaciona a elas a formulação de planos, estratégias e objetivos, possibilitando, assim, o autocontrole.

## 6.1
### O cérebro e a motivação

As estruturas cerebrais envolvidas na motivação são o núcleo *accumbens*, o hipotálamo e os lobos frontais. O papel do hipotálamo é o de controlar as respostas fisiológicas aos estímulos, mantendo a homeostase corporal. Para fazer isso, ele precisa controlar o sistema nervoso autônomo e o sistema endócrino, ambos relacionados a comportamentos adaptativos (sobrevivência e reprodução). O hipotálamo apresenta conexões com a formação reticular, os lobos frontais, a amígdala, a medula espinhal e o sistema límbico.

O hipocampo tem papel fundamental na memória e influencia a motivação principalmente por isso. Assim, as pessoas podem se lembrar dos planos que fizeram, das estratégias que construíram e dos objetivos que traçaram.

Traçamos objetivos e somos capazes de regular e controlar nosso comportamento (autorregulação) por meio do córtex pré-frontal. Pacientes que sofreram lesões no córtex pré-frontal encontram muita dificuldade para planejar e executar os comportamentos necessários para atingir objetivos. Muitas vezes sua inteligência e capacidade de compreensão estão preservadas, mas eles não conseguem colocar seu potencial em prática, ou seja, não são capazes de utilizar seus conhecimentos. Eles sabem dizer quais os passos necessários para se atingir um determinado objetivo, mas não são capazes de realizá-los. Algumas vezes são incapazes até mesmo de tentar.

O córtex pré-frontal dorsolateral é responsável por selecionar e iniciar as ações. Para criar uma sequência, é preciso ativar essa área, que desempenha papel importante na memória de trabalho. As pessoas com lesão ou disfunção nessa região podem encontrar dificuldades para seguir planos que tenham comportamentos organizados temporalmente. Em outras palavras, se essas pessoas tentassem organizar um roteiro de atividades para realizar em uma manhã, teriam imensa dificuldade para estabelecer e seguir uma sequência temporal. Gazzaniga e Heatherton (2005, p. 294) afirmam que "Elas podem ser capazes de nos dizer todos os ingredientes de uma receita, mas ser incapazes de seguir os passos da receita na ordem necessária".

O córtex orbitofrontal é responsável pelo planejamento e coordenação dos comportamentos necessários para atingir um objetivo. Lesões nessa área fazem com que as pessoas se mostrem com pouca preocupação e motivação diminuída. Também pode ocorrer prejuízo no processamento de informações com conteúdo emocional, que teriam papel importante na capacidade de julgamento e na tomada de decisão. Essa região é ativada, por exemplo, quando o dependente químico está em abstinência (London e colaboradores, 2000, citados por Gazzaniga; Heatherton, 2005).

"O córtex orbitofrontal contribui para a autorregulação ao avaliar o valor de recompensa e informar sobre respostas emocionais às situações" (Gazzaniga; Heatherton, 2005, p. 294).

Possivelmente os prejuízos observados na capacidade de motivação de indivíduos portadores de lesão cerebral são causados por danos nos circuitos de dopamina que ligam o córtex pré-frontal e o orbitofrontal ao sistema límbico.

O giro do cíngulo anterior localiza-se no córtex pré-frontal, podendo ser considerado parte do sistema límbico. Essa região é ativada quando o indivíduo está realizando tarefas novas ou difíceis de atenção dividida, bem como tarefas que demandam escolhas pessoais, ou seja, tarefas exigentes (Seidman et al., 1998, citados por Gazzaniga; Heatherton, 2005). Seria como um sistema executivo de atenção, auxiliando outras regiões do cérebro a decidirem qual dos estímulos deve receber atenção imediata. Essa região também está envolvida no processamento de informações que contribuem para o humor, uma vez que diversos estados emocionais podem ativá-lo (Lane et al., 1998; London e colaboradores, 2000, citados por Gazzaniga; Heatherton, 2005).

As emoções, como a culpa ou o medo, são capazes de motivar comportamentos específicos. Os lobos frontais estão conectados com o sistema límbico, especialmente com a amígdala e o córtex orbitofrontal. Por meio dessas conexões, as pessoas podem antecipar quais serão suas reações emocionais diante de diferentes situações, podendo, assim, regular melhor seu comportamento.

Damásio (1996, citado por Gazzaniga; Heatherton, 2005) propõe que o raciocínio e a tomada de decisão são guiados pela avaliação emocional que fazemos acerca das consequências de uma ação. Ele propõe a teoria do **marcador somático** (Damásio,

1996). Marcadores somáticos são reações corporais que surgem quando contemplamos os resultados de uma ação. Ao pensarmos sobre uma ação e seus resultados, temos expectativas sobre isso, e, portanto, experienciamos uma reação emocional. Esta, por sua vez, ocorre segundo nossa história, com relação à mesma ação ou a ações semelhantes que já realizamos. Essas reações corporais influenciam as ações e decisões que tomamos, mesmo as mais autorreguladoras. Portadores de lesão no córtex orbitofrontal não conseguem beneficiar-se dos resultados de ações passadas para regular seu comportamento futuro.

Os marcadores somáticos nos ajudam a executar comportamentos adaptativos. As reações emocionais fazem com que possamos agir de modo a garantir nossa sobrevivência e reprodução mediante respostas apropriadas. Quando pudermos antecipar ações que resultem em emoções positivas, teremos motivação para realizá-las. Se o resultado da antecipação forem emoções negativas, tendemos a evitar as ações que nos levariam a elas.

## Síntese

A motivação reúne fatores psicológicos, fisiológicos, intelectuais e afetivos, os quais determinam a conduta das pessoas. Quando a motivação é exterior, relacionada aos objetivos externos da atividade, a motivação é extrínseca; quando a motivação é interna, relativa ao valor ou prazer da atividade, ela é intrínseca. Independentemente de onde vem a motivação, geralmente vamos repetir aqueles comportamentos que foram recompensados.

Segundo a lei de Yerkes-Dodson, o comportamento aumenta com a excitação até um nível ótimo e depois decai. Por isso, pouca ansiedade impulsiona a pessoa a agir; já com muito pouca ansiedade, ela pode ficar desmotivada e, com muita ansiedade, o comportamento pode não ocorrer, pois de tão ansiosa a pessoa não consegue agir.

Todos nós desejamos atingir nossos objetivos. Por meio das intenções somos levados a atingi-los. Eles podem ter relação com as necessidades psicossociais de poder, autoestima e realização. Os objetivos pessoais têm motivações particulares. A autorregulação do comportamento é necessária para atingir um objetivo pessoal; ela nos capacita a iniciar, modular ou terminar ações para atingi-lo.

A teoria da colocação de objetivos propõe que os objetivos impactam a motivação e o comportamento, ou seja, se temos objetivos difíceis, vamos nos empenhar muito para atingi-los. A motivação para a realização também auxilia a alcançá-los. Para isso, precisamos direcionar nossa atenção e nossos esforços, mantendo um compromisso com eles, tendo comprometimento, persistência e dedicação para alcançá-los. Precisamos saber o que queremos, por isso nossos objetivos precisam ser claros e específicos. Para alcançá-los, também precisamos dispor de estratégias para que saibamos o que fazer. Isso tudo vai influenciar nossa capacidade de autorregular nossos comportamentos.

Bandura propôs que o quanto esperamos conseguir alcançar um objetivo pessoal também é muito importante para a motivação. Se acreditarmos que podemos ter sucesso, ficaremos mais motivados a agir de maneira mais eficaz; é quando temos contato com os sentimentos de autoeficácia. Se não acreditarmos que vamos conseguir, iremos nos defrontar com sentimentos de baixa autoeficácia, o que pode causar tamanho desânimo que não nos permitirá nem tentar. As pessoas que têm sentimentos de grande autoeficácia podem estabelecer objetivos elevados e obter resultados favoráveis.

As estruturas cerebrais envolvidas na motivação são o núcleo *accumbens*, o hipotálamo e os lobos frontais. O hipotálamo controla as respostas fisiológicas aos estímulos, mantendo a homeostase corporal por intermédio do sistema nervoso autônomo e do sistema endócrino, ambos relacionados a comportamentos adaptativos (sobrevivência e reprodução). Por meio do córtex pré-frontal podemos traçar objetivos, regular e controlar nosso comportamento (autorregulação).

Damásio propõe a teoria dos marcadores somáticos, que são reações corporais que surgem quando contemplamos os resultados de uma ação. Ao pensarmos sobre uma ação e seus resultados, temos expectativas sobre isso e, portanto, experienciamos uma reação emocional. Essas reações corporais influenciam as ações e decisões que tomamos, mesmo as mais autorreguladoras. Se as situações antecipadas estiverem relacionadas com emoções positivas, vamos dispor de motivação para executá-las.

## Atividades de autoavaliação

1. Suponha que você foi caracterizado como uma pessoa com alta necessidade de realização. Quais dos seguintes comportamentos poderiam refletir essa característica?
    a) Persistência.
    b) Intenso medo de falhar ou fracassar.
    c) Estabelecimento de objetivos difíceis e não realísticos.
    d) Culpar os outros pelas suas falhas.

2. Analise as afirmações a seguir e assinale alternativa **incorreta**:
    a) A motivação é resultante de comportamentos inatos, isto é, dos instintos.
    b) A motivação resulta dos impulsos.
    c) A motivação resulta da cognição.
    d) A motivação resulta do comportamento.

3. O processo pelo qual as pessoas iniciam, ajustam ou terminam ações a fim de atingir objetivos pessoais é chamado de:
    a) necessidade.
    b) impulso.
    c) homeostase.
    d) autorregulação.

4. A parte do cérebro que é responsável pela capacidade de autorregulação é o:
    a) hipotálamo.
    b) córtex occipital.
    c) córtex pré-frontal.
    d) córtex insular.

5. As reações corporais que surgem quando contemplamos os resultados de uma ação são chamadas de:
   a) necessidade.
   b) marcadores somáticos.
   c) autorrealização.
   d) persistência.

## Atividades de aprendizagem
Questões para reflexão

1. Como podemos motivar as pessoas a atingirem seus objetivos?

2. Qual é a relação da teoria dos marcadores somáticos com os lobos frontais?

3. Quem consegue adiar a gratificação tem mais sucesso na vida? Justifique. Quais estratégias podem ser usadas para conseguir adiar a gratificação?

4. Como o sentimento de autoeficácia pode ajudar ou atrapalhar alguém a atingir um objetivo?

5. Qual é a possível relação da motivação com a aprendizagem?

6. De que modo a aprendizagem pode ser vista pelos alunos como uma motivação intrínseca? Como poderíamos intensificar a motivação intrínseca no processo de aprendizagem e diminuir o valor da motivação extrínseca?

Atividade aplicada: prática

Escolha uma das obras a seguir e trace um plano para motivar seus alunos a partir de um valor motivacional intrínseco.

GUIMARÃES, S. E. R.; BORUCHOVITVH, E. O estilo motivacional do professor e a motivação intrínseca dos estudantes. **Psicologia, Reflexão e Crítica**, v. 17, n. 2, p. 143-150, 2004. Disponível em: <http://www.scielo.br/pdf/prc/v17n2/22466.pdf>. Acesso em: 11 nov. 2013.

MARTINI, M. L. Promovendo a motivação do aluno: contribuições da teoria da atribuição de causalidade.**Psicologia Escolar Educacional**, Campinas, v. 12, n. 2, dez. 2008. Disponível em: <http://www.scielo.br/scielo.php?script=sci_arttext&pid=S1413-85572008000200022&lng=em&nrm=iso>. Acesso em: 11 nov. 2013.

RAASCH, L. **A motivação do aluno para a aprendizagem**. Faculdade Capixaba de Nova Venécia. Disponível em: <http://www.educacaoparavida.com/resources/A%20MOTIVAO%20DO%20ALUNO%20PARA%20A%20APRENDIZAGEM.pdf>. Acesso em: 11 nov. 2013.

7.

A aprendizagem

**Iniciando o diálogo**

Neste capítulo, trataremos dos diversos tipos de aprendizagem, descrevendo suas bases cerebrais e neuropsicológicas. Também proporemos algumas reflexões sobre como facilitar o aprendizado e, finalmente, destacaremos alguns pontos relevantes para a visão neuropsicológica da dificuldade específica de aprendizagem da leitura (dislexia), com o intuito de apresentar ao leitor essa abordagem e de motivá-lo para futuras pesquisas acerca do tema.

Nós, humanos, só sobrevivemos porque somos capazes de aprender. E aprendemos porque somos capazes de nos lembrarmos do que vivenciamos: a aprendizagem e a memória estão profundamente relacionadas. De acordo com Zull, citado por Fernandez, Goldberg e Michelon (2013, p. 30, tradução nossa), "Aprender é uma das principais atividades que realizamos, mesmo que muitas vezes não estejamos conscientes disso". Os tipos de aprendizagem são variados e resultam em diferentes tipos de memória. A aprendizagem ocorre porque armazenamos as informações. É importante questionar quanto tempo levamos para armazená-las, quanta informação podemos armazenar e em quanto tempo ela será perdida.

## 7.1
### O treino expandido

Se considerarmos o tempo que levamos para aprender um determinado material, "[...] a quantidade aprendida depende do tempo gasto no aprendizado: se você duplica o tempo de aprendizagem, dobra a quantidade de informação armazenada" (Baddeley; Eysenck; Andeson, 2011, p. 84). Portanto, se queremos melhorar nosso conhecimento em um determinado assunto ou habilidade, devemos praticar. Os cientistas Ericsson, Krampe e Tesch-Römer (1993, citados por Baddeley; Eysencke; Anderson 2011) investigaram o quanto a prática era importante em atividades como a música. Eles verificaram que os melhores violinistas, por exemplo, chegavam a um total de 10 mil horas de estudo, enquanto os menos especializados haviam estudado 7,5 mil horas, os ainda menos especializados 5 mil horas e os amadores dedicados 1,5 mil horas.

Contudo, não basta apenas praticar. A forma de praticar é outra questão muito importante. A **prática distribuída** mostra que "é melhor distribuir seus protocolos de aprendizagem de forma esparsa por um período de tempo do que os concentrar em um bloco único de aprendizagem" (Baddeley; Eysenck; Anderson, 2011, p. 86). Mesmo bastante eficiente, a prática distribuída requer mais tempo para dar conta de todo o conteúdo. Landauer e Bjork (1978, citados por Baddeley; Eysenck; Anderson, 2011), fundamentados em estudos sobre o treino expandido, propuseram a microdistribuição da prática. Aprender palavras em outra língua pode ficar mais fácil se cada palavra for apresentada em um momento diferente. Eles questionaram se seria mais fácil lembrar-se das palavras logo após sua apresentação ou depois de um intervalo maior (Launder; Bjork, citados por Baddeley; Eysenck; Anderson, 2011). Um intervalo mais longo favorece a memória; porém, se um item (uma palavra) é testado rapidamente após sua apresentação, há maior chance de ele ser lembrado.

O efeito de geração demonstra que, se alguém consegue lembrar-se de um item por si mesmo, ele fica mais bem gravado na memória do que quando alguém fornece a resposta de imediato: itens que você mesmo conseguiu gerar são mais bem lembrados (Baddeley; Eysenck; Anderson, 2011, p. 88). Assim, se um item for testado logo depois de apresentado, de modo que o aluno possa, sozinho, tentar gravá-lo na memória, a aprendizagem será mais eficiente.

Na verdade, o intervalo ideal não é nem imediatamente após nem horas depois. É possível usar uma estratégia mais flexível, de modo a efetivar a aprendizagem. Apresenta-se o item e, logo após, ele é testado para assegurar sua recuperação. À medida que ele for aprendido, o instrutor aumenta gradualmente o intervalo entre a apresentação (prática) e o teste. O objetivo dessa técnica é que cada item seja testado em intervalos cada vez mais longos (assegurando-se, é claro, que ele possa ser recuperado).

Quanto ao aprendizado das palavras estrangeiras, a aprendizagem mediante expansão de evocação poderia ser exemplificada como exposto no quadro a seguir.

Quadro 7.1 – Expansão de evocação (exemplo baseado na aprendizagem de vocabulário em francês)

| Professor | Aprendiz |
|---|---|
| **estábulo = l'écurie** | |
| estábulo? | l'écurie |
| **cavalo = le cheval** | |
| cavalo? | le cheval |
| estábulo? | l'écurie |
| cavalo? | le cheval |
| **grama = l'herbe** | |
| grama? | l'herbe |
| estábulo? | l'écurie |
| cavalo? | le cheval |
| grama? | l'herbe |
| **igreja = l'église** | |
| igreja? | l'église |
| grama? | l'herbe |
| igreja? | l'église |
| estábulo? | l'écurie |
| grama? | l'herbe |
| cavalo? | le cheval |

Fonte: Baddeley; Eysenck; Anderson, 2011, p. 87, grifo do original.

Esse método mnemônico criado por Landauer e Bjork (1978, citados por Baddeley; Eysenck; Anderson, 2011) reuniu dois princípios advindos do estudo da memória verbal em laboratório: o efeito da distribuição de prática e o efeito de geração. Vários estudos investigaram esses princípios para poder utilizar as conclusões em benefício da aprendizagem em sala de aula.

Um estudo realizado em 2007 (Pahsler et al., 2007, citados por Baddeley; Eysenck; Anderson, 2011) verificou que a prática expandida funciona no estudo (aquisição) de diversos materiais, como "a aquisição de vocabulário estrangeiro, a aprendizagem para a resolução de operações matemáticas, a aquisição de fatos obscuros, a aprendizagem da definição de palavras incomuns e a aprendizagem a partir de mapas" (Baddeley; Eysenck; Anderson, 2011, p. 88). O resultado foi melhor quando os participantes recebiam *feedback* a respeito de suas respostas, ou seja, quando eram informados se elas estavam corretas ou não. Se os aprendizes são estimulados a produzir respostas para manter o efeito de geração, eles precisam saber se suas respostas estão corretas, senão correm o risco de repetir os erros. Além do *feedback*, o teste era fundamental para o sucesso da prática: não adianta repetir muitas vezes a informação sem testá-la em diferentes intervalos. Vários outros estudos confirmaram que "a prática espaçada leva a menos esquecimento" (Baddeley; Eysenck; Anderson, 2011, p. 88). Segundo Baddeley, Eysenck e Anderson (2011, p. 90) "A expansão da evocação é um raro exemplo de uma técnica completamente nova de aprendizagem, que resulta das pesquisas de aprendizagem verbal". No entanto, estudar várias vezes um material não é o mesmo que apenas repeti-lo. Para que a repetição surta algum efeito, o aprendiz deve organizar o material.

## 7.2
A aprendizagem implícita

No Capítulo 4, as memórias declarativa e não declarativa foram diferenciadas. Na declarativa, lembramo-nos explicitamente do que aprendemos e, na não declarativa, mostramos que aprendemos mediante uma mudança no comportamento – a aprendizagem é implícita. Podemos aprender de forma implícita por meio da aprendizagem procedural (habilidades motoras), do condicionamento clássico (pareamento de estímulos) e do *priming* (ativação de uma representação existente). Aprendemos de forma implícita mais do que nos damos conta: "uma grande parte de nossa aprendizagem é implícita no sentido de que podemos aprender habilidades sem sermos capazes de refletir ou relatar precisamente o que sabemos" (Baddeley; Eysenck; Anderson, 2011, p. 100).

## 7.3
O condicionamento clássico

Por volta de 1927, o psicólogo russo Ivan Pavlov estava prestes a receber o Prêmio Nobel por seus estudos sobre a digestão. Naquela época, ele estava investigando o reflexo de salivação em cães e reparou que os animais salivavam quando escutavam o tratador vindo ao laboratório para alimentá-los. Você deve saber o que aconteceu! Ele emparelhou o som de uma campainha com a apresentação de alimento para os cães, que salivavam (resposta incondicionada) nesse momento. Depois de muitas repetições, os animais salivavam apenas ouvindo a campainha. O estímulo neutro (campainha) passou a ser um estímulo condicionado, o qual fez a resposta incondicionada (salivação) passar a ser uma resposta condicionada, por causa do aprendizado. Era o condicionamento clássico. Essa resposta de salivação poderia diminuir se a campainha tocasse repetidamente, mas o alimento não fosse apresentado. Era a extinção da resposta condicionada.

Mas o que o condicionamento clássico tem a ver com a vida real? A propaganda, por exemplo, beneficia-se até hoje da aplicação dos princípios do condicionamento – quando uma empresa quer que o público avalie melhor seu produto, promove-se a associação dele com uma experiência atraente e agradável.

Um estudo relevante nessa área foi o de Stewart, Shimp e Engle (1987, citados por Baddeley; Eysenck; Anderson, 2011), que apresentaram uma pasta de dentes de uma marca nova com o rótulo da pasta de dentes marca *L*. A pasta foi apresentada com três outros produtos: refrigerante marca *R*, sabão em pó marca *M* e sabonete marca *J*. Os três produtos foram emparelhados[1] com imagens neutras e a pasta de dentes foi emparelhada com imagens agradáveis. Os itens foram todos apresentados a grupos diferentes, de uma a vinte vezes, e então os pesquisadores perguntaram aos participantes quais produtos eles comprariam. A pasta de dentes foi o produto avaliado como o mais provável.

---

1   Emparelhado: a apresentação do produto foi seguida da apresentação de imagens neutras.

## 7.4
O *priming*

Segundo Baddeley, Eysenck e Anderson (2011, p. 95), "O *priming* ocorre quando a apresentação de um item influencia sua subsequente percepção de processamento". O famoso experimento de Warrington e Weiskrantz (1968, citados por Baddeley; Eysenck; Anderson, 2011) demonstra o *priming* relacionado à memória verbal. Após tomar contato com uma lista de palavras, testada logo em seguida, tanto pacientes amnésicos quanto o grupo controle conseguiram um desempenho normal quando era usado um procedimento de *priming*.

O procedimento consistia no seguinte: os pesquisadores mostravam três versões de palavras (que não podiam ser vistas de forma adequada), e os participantes deveriam adivinhá-las. Primeiramente, uma palavra era apresentada a um paciente amnésico. Em seguida, apresentavam-se as primeiras letras de uma palavra e solicitava-se ao paciente (amnésico) que a completasse. Não se pedia ao paciente que se lembrasse da palavra, pois este seria um teste explícito; pedia-se que ele adivinhase a palavra adequada, tornando o teste implícito.

Conforme Baddeley, Eysenck e Anderson (2011, p. 96),

> *Graf, Squire e Mandler (1984) testaram participantes amnésicos e os pertencentes do grupo-controle apresentando uma lista de palavras e testando a retenção pelo livre recordar, evocação estimulada na qual lhes era solicitado lembrar a palavra, e por complementação de letras. Seus pacientes se saíram muito mal no livre recordar e se mostraram claramente incapacitados na evocação estimulada, porém não apresentaram déficit algum quando testados pela complementação de letras.*

Portanto, por meio de procedimentos de *priming* é possível verificar a memória implícita, pela complementação de letras e pela complementação de fragmentos de palavras.

## 7.5
### A aprendizagem procedural

Quando se realiza uma habilidade motora "sem pensar", sabemos que ocorreu a aprendizagem procedural. Por exemplo, tente se lembrar de quando você aprendeu a dirigir. No início, você fazia um esforço explícito para aprender a soltar a embreagem devagar enquanto apertava gentilmente o acelerador; depois essa ação se tornou completamente automática. Você faz isso enquanto pensa em outra coisa ou enquanto escuta o rádio. Quanto mais prática você tem, mais natural e harmoniosa se torna a ação. Nesse caso, a aprendizagem só ocorreu quando o ato de dirigir "entrou no automático".

## 7.6
### O cérebro e a aprendizagem

Saber como o cérebro aprende é bastante relevante. A aprendizagem acontece mediante mudanças físicas (estruturais) no cérebro, no contato com os estímulos por meio da experiência: as redes neuronais se modificam, crescem e são podadas.

Em 1949, Donald Hebb propôs o que seria a "base biológica da aprendizagem" (Baddeley; Eysenck; Anderson, 2011, p. 101). A aprendizagem de longa duração é constituída de sistemas ou conjunto de células. Se um conjunto de células entra em ação, a sinapse é ativada repetidamente. Com as modificações químicas, a sinapse se modifica, fortalecendo as conexões. A sinapse fica mais eficiente por meio da potenciação de longa duração (LTP), que pode ser vista nas células do hipocampo e de regiões próximas a ele.

Por meio de estudos como o do labirinto aquático de Morris, feito com ratos, pode-se observar a importância do hipocampo na aprendizagem e na LTP. O labirinto consistia em um tanque redondo com uma plataforma submersa. O tanque foi preenchido por água, e a plataforma ficava logo abaixo da superfície. Quando colocado no tanque, o ratinho nadou por algum tempo e logo encontrou a plataforma para se apoiar. Quando colocado novamente no tanque, ele encontrou rapidamente a plataforma. Entretanto, os ratos com lesão no hipocampo ou aqueles aos quais foi administrada a substância AP5 (que bloqueia a LTP no hipocampo) não demonstraram aprendizagem.

É importante saber que "diferentes estruturas neuronais estão envolvidas em diferentes tipos de aprendizagem" (Baddeley; Eysenck; Anderson, 2011, p. 103). A amígdala tem papel importante no condicionamento clássico. Em 1995, Bechara et al. (citados por Baddeley; Eysencke; Anderson, 2011) fizeram um experimento no qual foram condicionados três pacientes. O primeiro tinha lesões bilaterais na amígdala, o segundo tinha lesões bilaterais no hipocampo, e o terceiro tinha lesões bilaterais na amígdala e no hipocampo. Para o condicionamento, foram apresentados *slides* de várias cores. Os *slides* azuis eram seguidos de uma buzina em alto volume. Ao escutar o som desagradável, o paciente apresentava aumento dos condutores epidérmicos, relativos à ansiedade. A resposta dos condutores epidérmicos foi condicionada ao *slide* azul. Depois de ser submetido ao experimento que, em tese, produziria o condicionamento (apresentação simultânea do *slide* azul e da buzina), foi perguntado a cada paciente sobre a cor dos *slides* e se algum destes estava associado à buzina.

O paciente com lesões bilaterais na amígdala lembrou-se tanto das cores quanto do fato de que o *slide* azul estava associado à buzina, mas não teve condicionamento (aumento dos condutores epidérmicos); o paciente com lesões nos dois hipocampos, claramente amnésico, mostrou evidências de condicionamento, mas não se lembrou dos *slides* e das cores; o paciente com lesões no hipocampo e na amígdala não demonstrou condicionamento nem conseguiu lembrar-se dos *slides* e das cores.

Estudos com ressonância magnética funcional mostram menor fluxo sanguíneo no giro fusiforme e nas regiões frontal e occipital, refletindo processamento mais fácil do material obtido através do *priming* (Schott e colaboradores, citados por Baddeley; Eysenck; Anderson, 2011). A aprendizagem procedural pode ser demonstrada por meio de testes de tempo de reação serial. Normalmente os sujeitos adquirem o comportamento pela prática. "A natureza implícita da aprendizagem também é demonstrada pelo fato de que a aprendizagem ocorre mesmo quando participantes normais executam tarefas simultâneas e exigentes o suficiente para que não se apercebam das regularidades" (Nissen; Bullemer, 1987; Nissen; Knopman; Schacter, 1987, citados por Baddeley; Eysenck; Anderson, 2011, p. 105).

Compreendemos o que os outros fazem porque ativamos estruturas neurais quando os observamos desempenhando uma ação. É como se nós mesmos estivéssemos realizando a ação, é quase uma forma de nos colocarmos no lugar do outro para entender o que ele faz. E, assim, somos capazes de aprender por imitação.

Além de podermos compreender o que os outros estão fazendo, podemos aprender apenas observando as pessoas no momento em que estão realizando uma tarefa, porque um grupo especial de neurônios é ativado. Essa aprendizagem só é possível em razão dessas estruturas neurais, que são ativadas como se estivéssemos desempenhando a ação, chamadas *neurônios espelho*. O **sistema espelho**, portanto, é "uma rede distribuída de regiões neurais envolvidas na produção da ação e na compreensão" (Gazzaniga; Ivry; Mangun, 2009, p. 282, tradução nossa).

A prova de seu funcionamento foi obtida por meio de pesquisas. Em um experimento com macacos, cientistas verificaram que alguns neurônios pré-motores eram ativados quando os símios observavam outros indivíduos realizarem uma ação motora (Rizzolatti et al., 1988, citados por Gazzaniga; Ivry; Mangun, 2009, tradução nossa) e também enquanto escutavam o som de uma ação (Umilta et al., 2001, citados por Gazzaniga; Ivry; Mangun, 2009, tradução nossa).

Os neurônios espelho não são apenas originários do córtex pré-motor. Gazzaniga, Ivry e Mangun (2009, p. 283, tradução nossa) confirmam que "Neurônios nos lobos parietal e temporal também mostram padrões de atividade similar durante a produção da ação e compreensão, sugerindo um sistema espelho distribuído mais do que uma região local dedicada para vincular a percepção e a ação".

## 7.7
### Como aprender melhor?

Zull (citado por Fernandez; Goldberg; Michelon 2013) explica que a aprendizagem ocorre a partir de uma experiência concreta, quando observamos e refletimos sobre a informação. Hipóteses são geradas e então ativamente testadas. A informação chega até o nosso cérebro, é processada no córtex sensorial, interpretada no córtex de associação, chegando, enfim, a ter um significado. Esse significado cria novas ideias no córtex de associação anterior, e uma ação é gerada a partir das ideias no córtex motor.

É necessário que façamos esforço para aprender, por isso precisamos de motivação. Podemos nos tornar aprendizes melhores se estivermos motivados. Nossos lobos frontais são responsáveis, além de outras coisas, pela autorregulação emocional. Desse modo, podemos ser proativos e buscar fontes de motivação para aprender. "[...] A arte do aprendiz pode ser a arte de encontrar conexões entre a nova informação ou desafios e o que nós já conhecemos e aquilo com que nos preocupamos" (Zull, citado por Fernandez; Goldberg; Michelon, 2013, p. 35, tradução nossa). O importante é aprender a aprender e, no caso dos educadores, ensinar melhor de forma a proporcionar mais aprendizagem por parte do aluno.

Precisamos nos esforçar para aprender e ter coragem para sair da zona de conforto. Precisamos experimentar novas coisas, ainda que seja necessário falhar; precisamos sempre repensar. Precisamos construir hipóteses e testá-las, mesmo que algumas vezes elas não estejam corretas. O medo paralisa: medo de falhar, medo de perguntar e de falar bobagens; tudo isso se torna um obstáculo à aprendizagem.

> **Importante!** Pais e professores devem sempre promover uma reação ativa de seus filhos ou alunos e incentivar a proatividade. Além disso, os professores precisam garantir um ambiente de aprendizagem seguro. Assim, o aluno se sentirá à vontade para pensar e estabelecer conexões entre os novos conteúdos e o que ele já conhece. A reflexão deve ser estimulada pelo questionamento: "o que isto faz você pensar? Tem alguma parte deste novo material que faz você se tocar de algo?" (Zull, citado por Fernandez; Goldberg; Michelon, 2013, p. 37, tradução nossa).

Zull acrescenta que, para ajudar alunos mais introvertidos a se tornarem aprendizes melhores, os professores podem colocá-los em pequenos grupos, nos quais eles se sintam seguros em dividir seus pensamentos e reflexões. Alunos introvertidos tendem a ser muito bons nas fases de reflexão e de construção de hipóteses. Alunos extrovertidos podem ser muito bons para aprender na prática, com experiências concretas e testagem ativa de hipóteses. Em suma, a atitude proativa sempre deve ser encorajada, e o ambiente de aprendizagem deve ser um lugar no qual os alunos se sintam seguros e sejam encorajados a discutir suas ideias.

## 7.8
### Aspectos neuropsicológicos da aprendizagem

Segundo Pantano e Zorzi (2009, p. 126), "As funções corticais superiores desempenham papel importante na aprendizagem, pois a integridade das funções gnósico-interpretativas e práxico-produtivas são fundamentais para a evolução do aprendizado da linguagem falada para o aprendizado da linguagem escrita".

Se houver uma disfunção no desenvolvimento das unidades funcionais cerebrais, ocorrerão alterações perceptuais e motoras que podem resultar em problemas de linguagem e aprendizagem. A disfunção das zonas primárias pode causar prejuízo da atenção. Zonas secundárias disfuncionais levam a dificuldades na aprendizagem básica de leitura, escrita e matemática. A disfunção das zonas terciárias "resulta em baixo rendimento intelectual, dificuldade na compreensão da linguagem, dificuldade na leitura, escrita e habilidade matemática" (Ciasca, 2000; Capellini; Lanza; Conrado, 2007, citados por Pantano; Zorzi, 2009, p. 128).

O surgimento dessas unidades funcionais segue fases do desenvolvimento: as áreas primárias se desenvolvem até 12 meses de idade, as secundárias até 5 anos, as terciárias iniciam seu desenvolvimento dos 5 aos 8 anos e depois recomeçam, da adolescência até 24 anos aproximadamente.

Tabaquim (2003, citada por Mello; Miranda; Muszkat, 2006, p. 16) descreve os mecanismos da escrita referenciando-se no funcionamento das unidades funcionais de Luria. Explica que, quando uma pessoa pensa ou fala uma palavra, é necessário decompô-la nos sons linguísticos que a compõem, isto é, decompõe-se o som da palavra em fonemas. Para isso, o giro temporal superior do hemisfério esquerdo é requisitado, envolvendo as unidades funcionais. Se essas zonas sofrerem lesão ou apresentarem disfunção, fica difícil ou impossível converter os sons da linguagem em letras, causando sérias alterações na escrita do português.

Para decodificar os fonemas em grafemas, ou seja, transformar os sons em letras, é necessário a participação das áreas parietais e parieto-occipitais. Se ocorrer lesão ou disfunção dessas áreas, não é possível fazer a relação entre fonemas e grafemas. Assim, a criança não consegue buscar a letra de que precisa. Lesão nas áreas temporo-occipitais do hemisfério esquerdo prejudicam os esquemas espaciais, impossibilitando a escrita da letra correspondente ao som que foi falado, com a perda da noção de posição das letras na palavra (Cypel, 1996, citado por Mello; Miranda; Muszkat, 2006, p. 17).

A escrita é a representação gráfica da linguagem por meio de letras e palavras, necessitando da sustentação do lobo frontal para manter na mente o que se vai escrever, até que se consiga coordenar o ato motor. Assim, "quanto mais complexa a função, maior o número de zonas (setores amplos) e áreas (regiões mais restritas) envolvidas [...]. Funções mais complexas só serão bem executadas a partir do desenvolvimento e da completa maturação cerebral" (Mello; Miranda; Muszkat, 2006, p. 17). Já a leitura pode ser prejudicada por alterações fonológicas referentes à dificuldade em acessar e manter na mente a informação para executar sua leitura e escrita.

## 7.9
### Dificuldade específica de aprendizagem da leitura

Para a neuropsicologia, as dificuldades de aprendizagem (*learning disabilities*) são um grupo de desordens sistêmicas e parciais da aprendizagem escolar que surgem como consequência de uma insuficiência funcional de um ou vários sistemas cerebrais. Os sistemas cerebrais devem possibilitar "o surgimento de uma ou várias cadeias interligadas dentro da estrutura psicológica no processo de aprendizagem" (Santana, 2001, citado por Salles; Parente; Machado, 2004, p. 112).

Os sistemas de processamento da informação que estão subjacentes à leitura são organizados em uma estrutura modular, sendo que os módulos componentes do sistema cognitivo são independentes e não sofrem prejuízo com o dano dos outros módulos. Como cada módulo é organizado em subprocessos, observam-se muitos pacientes com alguns processos de leitura preservados e outros prejudicados. Por exemplo, há crianças que são capazes de realizar a leitura de palavras familiares, mas não conseguem ler palavras não familiares ou sequências de sons que não constituem palavras.

As crianças que enfrentam problemas de aprendizagem gerais, com dificuldade na maioria das matérias curriculares, são diferentes daquelas que apresentam dificuldade específica, como a relacionada à leitura. Se a criança, apesar de apresentar funcionamento intelectual normal, tiver uma dificuldade em um tipo específico de tarefa, ela é portadora de uma "dificuldade específica de aprendizagem" (Dockrell; McShane, 2000, citados por Salles; Parente; Machado, 2004). Se a dificuldade for de leitura, chama-se *dificuldade específica de aprendizagem da leitura* ou *dislexia de desenvolvimento*.

Segundo Vellutino (1979, citado por Snowling; Stackhouse, 2004, p. 11), a dislexia é "considerada como parte do contínuo das desordens da linguagem e é um déficit do processamento verbal". Sabe-se que as pessoas com dislexia apresentam dificuldades na área fonológica, ou seja, no processamento da fala (Hume; Snowling; Stackhouse, 1992; Stanovich; Siegel, 1994, citados por Snowling; Stackhouse, 2004).

> *Dislexia é um distúrbio específico de aprendizagem, de origem neurológica, caracterizado pela dificuldade com a fluência correta na leitura e dificuldade na habilidade de decodificação e soletração, resultantes de um déficit no componente fonológico da linguagem. [...] Há indivíduos com dislexia que apresentam déficits cognitivos e acadêmicos em*

> *outras áreas, como a atenção, matemática e/ou soletração e expressão escrita ou, ainda, a habilidade de usar informações suprassegmentais (rima e prosódia) na generalização de sons na correspondência de palavras.* (Richards et al., 2000; Lyon; Shaywitz; Shaywitz, 2003; Moraes, 2003; Desroches; Joanisse; Robertson, 2006, citados por Pantano; Zorzi, 2009, p. 131)

A definição de dislexia fica mais acessível quando pensada a partir da noção de discrepância. As crianças com dislexia apresentam uma discrepância na sua capacidade de leitura, leem abaixo do que é esperado para elas (dificuldade de aprendizagem específica). Independentemente dos talentos e das capacidades delas, as crianças com dislexia têm ou estão em risco de ter (por exemplo, crianças ainda muito pequenas vindas de famílias com pessoas disléxicas) dificuldades de leitura.

Segundo o DSM-IV TR (2002), para se chegar ao diagnóstico de dislexia deve-se ter nível de leitura inferior ao esperado para a idade, inteligência normal e escolaridade adequada. O diagnóstico não se aplica a crianças com déficit sensorial (problemas de visão e audição), problemas de ordem emocional e/ou motivacional, falta de oportunidade escolar, meio social adverso e disfunção (ou dano) neurológica. Em termos gerais, a dislexia pode se manifestar no indivíduo, ao longo da vida, independentemente de oportunidade de aprendizagem adequada e de integridade sensorial (*input*), mental (integração/elaboração), motora (*output*) e comportamental (Fonseca, 2009, p. 340).

Para Salles, Parente e Machado (2004, p. 113),

> *Dada a fragilidade dos critérios diagnósticos tradicionais, baseados em uma metodologia de exclusão, salientamos a definição de Sternberg e Grigorenko (2003), que propõem*

> *uma caracterização do quadro. Os principais indicadores das dificuldades de aprendizagem da leitura, segundo eles, são dificuldades em decodificar e analisar fonemas dentro das palavras (consciência fonológica), sendo estas específicas para o processamento de símbolos escritos*

A dislexia de desenvolvimento (ou primária) tem origem constitucional e representa "o fracasso na aquisição da completa competência na leitura/escrita" (Spreen, Risser; Edgel, 1995; Pinheiro, 1995, citados por Salles; Parente; Machado, 2004, p. 112). Mas a dislexia pode ser adquirida ou sintomática, referindo-se à perda das habilidades de leitura/escrita depois de lesão cerebral (Spreen; Risser; Edgel, 1995; Pinheiro, 1995, citados por Salles; Parente; Machado, 2004).

A neuropsicologia cognitiva divide o conceito de dislexia em alguns tipos de leitores deficientes, considerando os modelos de dupla rota (Ellis; Young, 1988; Hillis; Caramazza, 1992; Morais, 1996; Pinheiro, 1995, citados por Salles; Parente; Machado, 2004, p. 115). Os **disléxicos fonológicos** não conseguem realizar a decodificação fonológica, apresentando um desempenho muito ruim na leitura de palavras não familiares e pseudopalavras; enfrentam também dificuldades com a memória de curto prazo fonológica e a consciência fonológica. Os **disléxicos de superfície** não conseguem usar a rota lexical (nível ortográfico) para processar a informação, tendo dificuldades para ler palavras irregulares. Geralmente leem essas palavras pelo processo fonológico, mostrando pronúncia incorreta. Os **disléxicos mistos** têm dificuldades tanto na decodificação fonológica quanto no processo ortográfico. Os **leitores atrasados** têm padrão de leitura igual ao dos leitores normais, porém com desempenho similar ao de pessoas mais jovens que eles (Morais, citado por Salles; Parente; Machado, 2004).

O modelo de leitura de dupla rota descreve a rota fonológica e a rota lexical. Na primeira convertemos os grafemas em fonemas, pronunciando de forma adequada as palavras com "correspondência letra-som regular" (Seymour, 1987, citado por Salles; Parente; Machado, 2004, p. 111). A rota lexical é usada por leitores experientes, que leem mediante o acesso ao significado da palavra, que foi "armazenada em um léxico de entrada visual" (Seymour, 1987, citado por Salles; Parente; Machado, 2004, p. 111). As duas rotas podem ser usadas paralelamente na leitura, sendo a lexical mais importante para a "competência em leitura" (Seymour, 1987, citado por Salles; Parente; Machado, 2004, p. 111).

Os problemas de leitura tendem a ser a principal dificuldade nos primeiros anos da escola, mas muitos adultos disléxicos tornam-se leitores fluentes, ainda que com ortografia deficiente. Alguns disléxicos adultos têm uma dificuldade particular em decodificar palavras que não encontraram antes e, em geral, "têm dificuldades persistentes com a consciência fonológica, nomeação rápida e tarefas verbais de memória de curto prazo" (Bruck, 1990, 1992; Pennington et al., 1990, citados por Snowling; Stackhouse, 2004, p. 13).

A dislexia é hereditária. Se um menino tiver o pai disléxico, ele tem 50% de probabilidade de se tornar disléxico; a probabilidade é de 40% se a mãe for disléxica. O que se herda são aspectos do processamento da linguagem, pois a dislexia é um déficit do processamento fonológico.

Já na pré-escola é possível identificar sinais preditores de dislexia, embora as dificuldades fiquem mais evidentes quando a criança precisa aprender a ler, tarefa laboriosa e emocionalmente intensa para uma criança disléxica. No início da aprendizagem da leitura, é possível observar que as crianças com dislexia apresentam problemas para conscientizar-se de sons, para reconhecer letras, para se expressar verbalmente, para copiar o conteúdo, entre outros aspectos (Fonseca, 2009). As crianças disléxicas, portanto, encontram problemas com a consciência fonológica – dificuldade em refletir sobre a fala (Bradley; Bryant, 1978, Manis; Custódio; Szesszulski, 1993, citados por Snowling; Stackhouse, 2004); com a memória verbal de curto prazo (Siege; Linder, 1984; Johnston; Rugg; Scott, 1987; Torgesen et al., 1988, citados por Snowling; Stackhouse, 2004; Pennington; Orden; Kirson; Haith, 1991; Mayringer; Wimmer, 2000; Jong, 1998, citados por Salles; Parente; Machado, 2004); com a aprendizagem verbal de longo prazo – por exemplo, memorizar os meses do ano ou a tabuada e lentidão no acesso a essa memória (Mayringer; Wimmer, 2000, citados por Salles; Parente; Machado, 2004); com a nomeação (Denkla; Rudel, 1976, citados por Snowling; Stackhouse, 2004); com a percepção de sugestões auditivas breves (Tallal; Piercy, 1973; Tallal et al., 1980, citados por Snowling; Stackhouse, 2004); com a produção da fala (Snowling; Stackhouse, 1981; Brady; Shankweiler; Mann, 1983, citados por Snowling; Stackhouse, 2004); com a repetição e leitura de não palavras (Snowling; Goulandris; Bowlby, et al., 1986, citados por Snowling; Stackhouse, 2004); e com o reconhecimento de palavras escritas (Torgesen, 2000, citado por Salles; Parente; Machado, 2004, p. 120). Com isso, existe a possibilidade de as pessoas com dislexia apresentarem déficits cognitivos mais abrangentes.

Cabe aqui discorrer um pouco sobre a **consciência fonológica**. Quando a criança entra na escola, ela tem domínio do sistema linguístico na modalidade oral. Consequentemente, dispõe da linguagem e da cognição com funcionamento adequado para aprender a ler e a escrever. Mas a modalidade oral do sistema linguístico não é suficiente para o contato com a escrita; assim, a criança precisa utilizar novas regras e considerar aspectos que ela ainda não conhece. As capacidades metalinguísticas a capacitam para isso: ela pode refletir sobre a sua linguagem.

A linguagem é vista, a partir de então, não apenas pelo seu conteúdo (aspecto semântico), mas também pelos aspectos fonológicos, morfológicos e sintáticos. O nível fonológico da capacidade metalinguística permite à criança refletir sobre os sons inerentes à língua, tomando consciência de frases, palavras, sílabas e fonemas. A consciência fonológica possibilita a leitura por analogia e a leitura pela correspondência letra-som.

Há enfoques diferentes sobre a consciência fonológica. Uma visão é que ela ocorre "a partir do progresso na aquisição de leitura e escrita" (Pantano; Zorzi, 2009, p. 129), sendo a chave para a alfabetização. Outra visão propõe que o sistema alfabético é que faz com que a consciência fonológica se desenvolva. Uma terceira visão refere-se à "reciprocidade entre consciência fonológica e aquisição da leitura e escrita" (Pantano; Zorzi, 2009, p. 129).

Além das dificuldades de consciência fonológica, as crianças com dislexia "são incapazes de abstrair as correspondências entre letra e som da sua experiência com palavras impressas e, por isso, não conseguem desenvolver estratégias de leitura fonológica (fônica)" (Manis et al., 1993; Snowling; Stackhouse, 1980, 1981, citados por Snowling; Stackhouse, 2004, p. 18).

De acordo com Torgesen, Wagner e Rashotte (1994), citados por Salles, Parente e Machado (2004, p. 120),

> *as pesquisas atuais [..] têm mostrado que os déficits dessas crianças encontram-se no processamento fonológico da linguagem, ou seja, as operações mentais dos indivíduos que*

*fazem uso da estrutura fonológica ou sonora da linguagem oral quando estão aprendendo como decodificar a linguagem escrita.*

Capellini (2006, citado por Pantano; Zorzi, 2009, p. 128) afirma que "Na dislexia do desenvolvimento e no distúrbio de aprendizagem podem ocorrer disfunções neuropsicológicas relacionadas às funções gnósico-interpretativas e práxico-construtivas que ocasionam falhas na decodificação, processamento, programação e execução da linguagem-aprendizagem".

A investigação das causas da dislexia (etiologia) verifica a participação dos fatores biológicos (neuropsicológicos e genéticos) e dos fatores funcionais (descrição dos déficits cognitivos e de linguagem escrita). Para Sternberg e Grigorenko (2003, citado por Salles; Parente; Machado, 2004, p. 116), a dislexia tem múltiplas causas, resultantes da "interação de fatores biológicos, cognitivos e sociais" (Salles; Parente; Machado, 2004, p. 116).

Uma vasta gama de estudos de neuroimagem, eletroencefalografia, ressonância magnética cerebral e tomografia por emissão de pósitrons revelaram disfunções cerebrais semelhantes no cérebro de disléxicos. Estudos genéticos demonstram que "a consciência fonológica e a leitura de palavras isoladas foram associadas aos cromossomos 6 e 15, respectivamente" (Salles; Parente; Machado, 2004, p. 119), podendo ser o cromossomo 6 o *locus* dos problemas de leitura (Olson, 1999, citado por Salles; Parente; Machado, 2004).

Não há evidência conclusiva de que o prejuízo no processamento visual cause dislexia. Há duas abordagens sobre os fatores visuais e a dislexia. Uma abordagem sugere que "as crianças disléxicas têm controle motor ocular deficiente" (Stein et al., 1991, citados por Snowling; Stackhouse, 2004, p. 20), e a outra investiga se elas apresentam "deficiências de nível baixo do sistema visual transitório" (Lovegrove; Williams, 1993, citados por Snowling; Stackhouse, 2004, p. 20). Entretanto, "não há evidências sugerindo que tais deficiências visuais estejam causalmente relacionadas a problemas de leitura" (Snowling; Stackhouse, 2004, p. 20).

Snowling e Stackhouse (2004, p. 20-21) acrescentam:

> *Em uma veia similar, muitas crianças disléxicas têm problemas de concentração, particularmente nas salas de aula. Talvez a explicação mais simples seja que as crianças não conseguem enfrentar os materiais escritos apresentados e, por isso, suas mentes se desviam. Entretanto, algumas crianças disléxicas têm dificuldades mais profundas com o controle da atenção. Estas requerem uma investigação à parte, porquanto, caso não sejam tratadas, exacerbarão a condição disléxica.*

Para intervir na dislexia, deve-se clarificar quais são exatamente os déficits de leitura apresentados pelo sujeito. Salles, Parente e Machado (2004, p. 122) afirmam que "Atualmente, o enfoque mais promissor tem sido a intervenção direta nas habilidades de leitura, associada com atividades relacionadas ao processamento fonológico da linguagem".

## Síntese

Garantimos nossa sobrevivência com a aprendizagem e aprendemos porque temos memória: somos capazes de nos lembrarmos do que vivenciamos. Os tipos de aprendizagem são variados e resultam em diferentes tipos de memória. A aprendizagem ocorre porque armazenamos as informações. Podemos aprender por meio do treino expandido, utilizando uma prática distribuída, considerando um pouco de treino a cada vez. Também podemos aprender sem nos darmos conta de que o estamos fazendo por meio da aprendizagem implícita, da aprendizagem procedural (habilidades motoras), do condicionamento clássico (pareamento de estímulos) e do *priming* (ativação de uma representação existente).

Nosso cérebro aprende quando se modifica. A aprendizagem acontece mediante mudanças estruturais no cérebro: ocorrem a modificação, o crescimento e a poda das redes neuronais. Em 1949, Donald Hebb propôs a "base biológica da aprendizagem" (Baddeley; Eysenck; Anderson, 2011, p. 101). Quando a sinapse é ativada repetidamente, vai se modificando e fortalecendo as conexões.

O cérebro utiliza diferentes estruturas para diferentes aprendizagens. A amígdala tem papel importante no condicionamento clássico. O *priming* foi relacionado com menor fluxo sanguíneo no giro fusiforme e nas regiões frontal e occipital em estudos com ressonância magnética funcional.

Por meio dos neurônios espelho podemos compreender o que os outros fazem quando os observamos desempenhando uma ação. Para o nosso cérebro, é como se estivéssemos realizando a ação ou nos colocando no lugar do outro para entender o que ele faz. E, assim, somos capazes de aprender por imitação. Os neurônios espelho estão no córtex pré-motor e nos lobos parietal e temporal.

Precisamos nos esforçar para aprender, experimentar novas coisas, construir hipóteses e testá-las. Por isso, precisamos de motivação, que nos faz aprender melhor. Nossos lobos frontais são responsáveis, além de outras coisas, pela autorregulação emocional. Eles fazem com que sejamos proativos, buscando fontes de motivação para aprender. O importante é "aprender a aprender" e, no caso dos educadores, ensinar melhor de forma a proporcionar uma aprendizagem mais eficaz por parte do aluno.

Para a neuropsicologia, as dificuldades de aprendizagem (*learning disabilities*) são um grupo de desordens sistêmicas e parciais da aprendizagem escolar que surgem como consequência de uma insuficiência funcional de um ou vários sistemas cerebrais.

As crianças que enfrentam problemas de aprendizagem gerais, com dificuldade na maioria das matérias curriculares, são diferentes daquelas que apresentam dificuldade específica, como a relacionada à leitura. A leitura pode ser prejudicada por alterações fonológicas referentes à dificuldade em acessar e manter na mente a informação para executar sua leitura e escrita. Se a criança, apesar de apresentar funcionamento intelectual normal, tiver uma dificuldade em um tipo específico de tarefa, ela é portadora de uma "dificuldade específica de aprendizagem" (Dockrell; McShane, 2000, citados por Salles; Parente; Machado, 2004). Se a dificuldade for de leitura, chama-se *dificuldade específica de aprendizagem da leitura* ou *dislexia de desenvolvimento*.

A dislexia é uma das desordens da linguagem, caracterizada por um déficit do processamento verbal. As pessoas com dislexia encontram dificuldades no processamento da fala. Crianças com dislexia leem menos do que deveriam (dificuldade de aprendizagem específica), mesmo dispondo de outras habilidades e capacidades. Elas apresentam dificuldades com a consciência fonológica. Têm dificuldades, também, para associar a letra ao som diante de palavras impressas e, com isso, o desenvolvimento de estratégias de leitura fonológica (fônica) é deficiente.

A dislexia tem na sua etiologia fatores biológicos (neuropsicológicos e genéticos) e fatores funcionais (descrição dos déficits cognitivos e de linguagem escrita), sendo um distúrbio com múltiplas causas, resultantes da "interação de fatores biológicos, cognitivos e sociais" (Salles; Parente; Machado, 2004, p. 116).

A intervenção em casos de dislexia abrange uma remediação dos déficits de leitura apresentados pelo sujeito, os quais devem estar muito bem especificados.

## Atividades de autoavaliação

1. A aprendizagem ocorre porque _____ as informações.
    a) codificamos.
    b) recuperamos.
    c) armazenamos.
    d) processamos.

2. A técnica segundo a qual é melhor estudar um pouco a cada dia do que tudo em um só dia é:
    a) a memorização.
    b) a prática distribuída.
    c) o treino de aprendizagem.
    d) o treino de memória.

3. Sobre a aprendizagem assinale as alternativas referentes à aprendizagem que estiverem corretas:
   a) Quando aprendemos, nosso cérebro se modifica.
   b) Quando aprendemos, as sinapses ficam enfraquecidas.
   c) Podemos melhorar nossa capacidade de aprendizagem se estivermos motivados e nos esforçarmos para isso.
   d) Emoções como o medo podem prejudicar a aprendizagem.

4. Aprendemos sem perceber que estamos aprendendo por meio da aprendizagem:
   a) explícita.
   b) declarativa.
   c) repetida.
   d) implícita.

5. O distúrbio da linguagem no qual a pessoa não consegue associar o som da letra à letra em si (diante de palavras impressas), juntamente com problemas na consciência fonológica, é chamado:
   a) afasia.
   b) dislexia.
   c) disgrafia.
   d) desatenção.

# Atividades de aprendizagem

## Questões para reflexão

1. Quais áreas ou regiões cerebrais estão associadas à aprendizagem?

2. Por que estudar um pouco a cada dia é melhor do que estudar todo o conteúdo um dia antes da prova?

3. O que são dificuldades específicas de aprendizagem e qual sua relação com a inteligência?

4. De quais técnicas você pode dispor para auxiliar os alunos a aprenderem melhor?

5. Qual é a relação entre motivação e aprendizagem?

6. Por que o córtex pré-frontal está envolvido na aprendizagem?

## Atividade aplicada: prática

Pesquise sobre a relação entre o cérebro e a aprendizagem. Procure assistir ao programa *Cérebro – máquina de aprender*[2] e reflita sobre as técnicas de ensino expostas neste capítulo. Trace uma lista de possíveis intervenções (atitudes a serem tomadas, esquemas de estudo, modos de estudo), considerando uma situação em que você é o aprendiz.

---

2 Disponível em: <http://globotv.globo.com/rede-globo/jornal-da-globo/v/nova-serie-cerebro-maquina-de-aprender-estreia-no-jornal-da-globo/2467455>. Acesso em: 23 abr. 2014

# Considerações finais

Com o surgimento do termo *neurociência*, veio ocorrendo um melhor entendimento do cérebro e de seu funcionamento. O cérebro capacita a mente e fundamenta os comportamentos, pensamentos e sentimentos que experienciamos. O conceito de neuroplasticidade nos informa que, pela prática repetida, é possível fortalecer as conexões neuronais existentes e possibilitar a criação de novas conexões. O cérebro plástico, modificável, transforma-se (para melhor e para pior) e muda (para melhor) se o estimularmos da maneira correta. Cabe a reflexão sobre como podemos ajudar o cérebro a aprender mais e melhor.

A base do aprender é dar condições ao cérebro de aumentar e fortalecer o número de sinapses. Quanto mais conexões, mais relações e associações entre as informações poderemos estabelecer, ficando mais aptos a transformar o meio a nosso favor, ou seja, ficamos mais inteligentes. Não só nos tornamos mais capazes de abstrair, mas também podemos melhorar nosso desempenho cognitivo. Para proporcionar esse avanço, precisamos compreender conceitos fundamentais nas neurociências.

A neuropsicologia é o ramo das neurociências responsável pelo estudo das relações entre o cérebro e o comportamento. Baseando-se na localização dinâmica de funções, a neuropsicologia investiga as funções corticais superiores (atenção, memória, linguagem, funções visuoespaciais, funções verbais e funções executivas). Cada função cognitiva tem padrões neuroanatômicos e expressão comportamental específicos.

As funções executivas, a atenção e a memória são cruciais para a ocorrência da aprendizagem. As funções executivas são os comportamentos que permitem que uma pessoa consiga agir de modo independente e produtivo no mundo. A atenção é o processo cognitivo de se concentrar intencionalmente em uma tarefa em detrimento de outras, sendo o portão de acesso para o resto da cognição. O estudo da atenção é o estudo de como o cérebro seleciona quais estímulos sensoriais descartar e quais transmitir para níveis superiores de pensamento.

A memória nos habilita a aprender com a vida. Podemos aprender com nossas vivências porque a memória conecta o presente e o passado, permitindo a preparação para o futuro e a transformação do presente. São muitas memórias, pensadas de acordo com vários parâmetros, a saber, o temporal, o conteúdo, além dos processos envolvidos na memória. A memória declarativa é aquela a que normalmente nos referimos quando falamos de memória, recordações ou lembranças. A memória semântica armazena o conhecimento geral. A memória episódica, ou memória autobiográfica, armazena as memórias de nossa vida, relacionada à capacidade que temos de nos lembrarmos de episódios, fatos ou acontecimentos. O que é normalmente perdido na amnésia é a memória declarativa, de longo prazo.

Como podemos melhorar nossa memória? Podemos ensinar ao nosso cérebro o uso de estratégias de memorização. Aprendemos porque lembramos e podemos aprender de vários modos, até sem perceber, como na aprendizagem implícita. Há grupos de neurônios que nos permitem aprender olhando o que outros fazem, tendo a sensação de que estamos também realizando aquela ação. Os neurônios espelho nos mostram o quanto a observação é importante para a aprendizagem. Aprender requer esforço; o "piloto automático" não nos ajuda em nada. Temos de trabalhar a informação, pensá-la, repensá-la, questioná-la, organizá-la. Assim o cérebro encontra condições para processar as informações de modos diferentes, criando e fortalecendo as sinapses.

Entretanto, todo o cognitivo pode ser influenciado pelas emoções e pela motivação. Nada acontece, nenhum objetivo pode ser alcançado, se estivermos tristes, desmotivados e se não conseguirmos planejar como fazer para chegar lá.

Dessa forma, como cidadãos que são, ao mesmo tempo, aprendizes e educadores, é nosso dever traduzir o conhecimento sobre o cérebro em ação, auxiliando os alunos na busca pelo aprimoramento cerebral.

# Referências

ANDRADE, V. M.; SANTOS, F. H.; BUENO, O. F. A. **Neuropsicologia hoje**. Porto Alegre: Artmed, 2004.

AULA DE ANATOMIA. **Menezes e Líqueor**. 1998-2001. Disponível em: <www.auladeanatomia.com/site/pagina.php?idp=150>. Acesso em: 24 mar. 2014.

BADDELEY, A.; EYSENCK, M. W.; ANDERSON, M. C. **Memória**. Porto Alegre: Artmed, 2011.

BARKLEY, R. A. **Attention-Deficit Hyperactivity Disorder**: A Handbook for Diagnosis and Treatment. 2. ed. New York: The Guilford Press, 1998.

BEAR, M. F.; CONNORS, B. W.; PARADISO, M. A. **Neurociências**: desvendando o sistema nervoso. 2. ed. Porto Alegre: Artmed, 2002.

BIOEDUCAFISICA. **Núcleos da base**. 25 jul. 2010. Disponível em: <http://bioeducafisica.blogspot.com.br/2010/03/nucleos-da-base.html>. Acesso em: 24 mar. 2014.

CANBLER. **Crises de ausência (pequeno mal convulsões)**. Disponível em: <http://o.canbler.com/topico/epilepsia/crises-de-ausencia-petit-mal-convulsoes?>. Acesso em: 31 mar. 2014.

CIASCA, S. M.; GUIMARÃES, I. E.; TABAQUIM, M. L. Neuropsicologia do desenvolvimento: conceitos e abordagens. In: MELLO, C. R. de; MIRANDA, M. C.; MUSZKAT, M. (Org.). **Neuropsicologia do desenvolvimento**: conceitos e abordagens. São Paulo: Memnon Edições Científicas, 2006. p. 14-25. v. 1.

COGHILL, D.; SETH. S. Do the Diagnostic Criteria for ADHD Need to Change? Comments on the Preliminary Proposals of the DSM-5 ADHD and Disruptive Behavior Disorders Committee. **European Childand Adolescence Psychiatry**, v. 20, p. 75-81, 2011.

COSTA, D. I. et al. Avaliação neuropsicológica da criança. **Jornal de Pediatria**, Rio de Janeiro, v. 80, n. 2, p. 111-116, 2004. Disponível em: <http://www.scielo.br/pdf/jped/v80n2s0/v80n2sa13.pdf>. Acesso em: 7 nov. 2013.

CROSSMAN, A. R.; NEARY, D. **Neuroanatomia**: um texto ilustrado em cores. Rio de Janeiro: Guanabara-Koogan, 2002.

DALEY, D.; BIRCHWOOD, J. ADHD and Academic Performance: Why Does ADHD Impact on Academic Performance and What Can Be Done to Support ADHD Children in the Classroom? **Child: Care Health and Development**, v. 36, n. 4, p. 455-464, Jul. 2010.

DAMÁSIO, A. R. **O erro de Descartes**: emoção, razão e o cérebro humano. 2. ed. São Paulo: Companhia das Letras, 1996.

DOCKRELL, J.; MCSHANE, J. **Crianças com dificuldades de aprendizagem**: uma abordagem cognitiva. Tradução de Andrea Negreda. Porto Alegre: Artmed, 2000.

DSM-IV TR. **Manual diagnóstico e estatístico de transtornos mentais**. 4. ed. rev. Porto Alegre: Artmed, 2002.

FERNANDEZ, A.; GOLDBERG, E.; MICHELON, P. **The Sharp Brains Guide to Brain Fitness**: How to Optimize Brain Health and Performance at Any Age. New York: SharpBrains, Inc., 2013.

FERNEDA, E. Redes neurais e sua aplicação em sistemas de recuperação de informação. **Ciência da informação**, Brasília, v. 35, n. 1, p. 25-30, jan./abr. 2006. Disponível em: <http://www.scielo.br/pdf/ci/v35n1/v35n1a03.pdf>. Acesso em: 14 dez. 2013.

FLOR, D.; CARVALHO, T. A. P. de. **Neurociência para educador**: coletânea de subsídios para "alfabetização neurocientífica". São Paulo: Baraúna, 2011.

FONSECA, V. Dislexia, cognição e aprendizagem: uma abordagem neuropsicológica das dificuldades de aprendizagem da leitura. **Revista Psicopedagogia**, v. 26, n. 81, p. 339-356, 2009.

GAZZANIGA, M. S.; HEATHERTON, T. F. **Ciência psicológica**: mente, cérebro e comportamento. Porto Alegre: Artmed, 2005.

GAZZANIGA, M.S.; IVRY, R. B.; MANGUN, G. R. **Cognitive Neuroscience**: The Biology of the Mind. 3. ed. New York: W.W. Norton Company Inc., 2009.

GUERREIRO, C. **Epilepsia**. Disponível em: <http://emedix.uol.com.br/doe/neu003_1h_epilepsia.php>. Acesso em: 31 mar. 2014.

HENDELMAN, W. J. **Atlas of Functional Neuroanatomy**. Boca Raton: CRC Press, 2000.

JENSEN, E. **Enriqueça o cérebro**: como maximizar o pontencial de aprendizagem de todos os alunos. Porto Alegre: Artmed, 2011.

KUZOVLEVA, E. Some facts of Biography of A. R. Luria. **Neuropsycology Review**, v. 9, n. 1, p. 53-60, 1999.

LEDOUX, J. **O cérebro emocional**: os misteriosos alicerces da vida emocional. Rio de Janeiro: Objetiva, 1996.

LEZAK, M. D.; HOWIESON, D.; LORING, D. **Neuropsychological Assessment**. 4. ed. Oxford: Oxford University Press, 2004.

MAGUIRE, E. A.; WOOLET, K.; SPIERS, H. J. London Taxi Drivers and Bus Drivers: A Structural MRI and Neuropsychological Analysis. **Hippocampus**, London, v. 16. n. 12, p. 1091-1101, Dec. 2006. Disponível em: <http://www.fil.ion.ucl.uk/Maguire/Maguire2006.pdf>. Acesso em: 30 maio 2014.

MAHONE, E. M. Developmental Neuropsychology of ADHD: Brain and Behavior from Preschool to High School. In: ANNUAL CONFERENCE OF THE AMERICAN ACADEMY OF CLINICAL NEUROPSYCHOLOGY, 11., 2013, Chicago.

MEDICINA PRÁTICA. Crise convulsiva: como se apresenta? Disponível em: <http://www.medicinapratica.com.br/tag/crise-convulsiva-generalizada/>. Acesso em: 30 maio 2014.

MELLO, C. B.; MIRANDA, M. C.; MUSZKAT, M. **Neuropsicologia do desenvolvimento**: conceitos e abordagens. São Paulo: Memnon, 2006.

MESULAM, M. M. **Principles of Behavioral and Cognitive Neurology**. 2. ed. Oxford: University Press. 2000.

NETTER, F. H. **Atlas de anatomia humana**. 2. ed. Porto Alegre: Artmed, 2000.

NITRINI, R.; CARAMELLI, P.; MANSUR, L. L. (Org.). **Neuropsicologia**: das bases anatômicas à reabilitação. São Paulo: HCFMUSP, 2003.

NORONHA, F. **Contribuições da neurociência para a formação de professores**. 4 mar. 2008. Disponível em: <http://www.webartigos.com/artigos/contribuicoes-da-neurociencia-para-a-formacao-de-professores/4590/#ixzz2Q5ILgcne>. Acesso em: 7 nov. 2013.

O CÉREBRO nosso de cada dia. **Divisões principais do sistema nervoso central**. Disponível em: <http://www.cerebronosso.bio.br/divises-principais>. Acesso em: 24 mar. 2014.

OLIVEIRA, M. K.; REGO, T. C. Contribuição da perspectiva histórico-cultural de Luria para a pesquisa contemporânea. **Educação e pesquisa**, São Paulo, v. 36, n. especial, p. 107-121, 2010.

PANTANO, T.; ZORZI, J. L. (Org.). **Neurociência aplicada à aprendizagem**. São José dos Campos: Pulso, 2009.

POLANCZYK, G. et al. The Worldwide Prevalence of ADHD: A Systematic Review and Meta Regression Analysis. **The American Journal of Psychiatry**, v. 164, n. 6, p. 942-948, 2007.

PSIQWEB. **Disnomia**. Disponível em: <http://www.psiqweb.med.br/site/Default Limpo.aspx?area=ES/VerDicionario&idZDicionario=260>. Acesso em: 30 maio 2014.

RAPPLEY, M. D. Attention Deficit-Hyperactivity Disorder. **New England Journal of Medicine**, v. 352, p.165-173, Jan. 2005.

ROHDE, L. A.; MATTOS, P. (Org.). **Princípios e práticas em transtorno de déficit de atenção/hiperatividade**. Porto Alegre: Artmed, 2003.

SABATELLA, M. L. P. **Talento e superdotação**: problema e solução. 2. ed. rev., atual. e ampl. Curitiba: Ibpex, 2008.

SABBATINI, R. M. E. Franz Joseph Gall (1758-1828): uma breve biografia. **Cérebro & mente**, mar. 1977. Disponível em: <http://www.cerebroemente.org.br/n01/frenolog/frengall.port.htm>. Acesso em: 3 abr. 2014.

_____. Frenologia: a história da localização cerebral. **Cérebro & mente**. Disponível em: <http://www.cerebroemente.org.br/n01/frenolog/frenologia_port.htm>. Acesso em: 4 abr. 2014.

SALLES, J. F.; PARENTE, M. A. M. P.; MACHADO, S. S. As dislexias de desenvolvimento: aspectos neuropsicológicos e cognitivos. **Interações**, v. 9, n. 17, p. 109-132, jun. 2004. Disponível em: <http://pepsic.bvsalud.org/scielo.php?pid=S1413-29072004000100007&script=sci_arttext>. Acesso em: 7 nov. 2013.

SATTLER, J. M. **Assessment of Children**. New York: Oxford, 1992.

SNOWLING, M.; STACKHOUSE, J. (Org.). **Dislexia, fala e linguagem**: um manual do profissional. Tradução de Magda França Lopes. Porto Alegre: Artmed, 2004.

SOHLBERG, M. M.; MATEER, C. A. **Reabilitação cognitiva**: uma abordagem neuropsicológica integrativa. São Paulo: Livraria Santos, 2009.

SQUIRE, L. R.; KANDEL, E. R. **Memória**: da mente às moléculas. Porto Alegre: Artmed, 2003.

WALSH, K. W.; DARBY, D. **Neuropsychology**: A Clinical Approach. 4. ed. Edinburgh: Churchill Livingstone, 1999.

WIKISPACES. **Limbic System**. Disponível em: <http://neuroanatomy.wikispaces.com/F+Limbic+System>. Acesso em: 11 abr. 2014.

# Bibliografia comentada

BADDELEY, A.; EYSENCK, M. W.; ANDERSON, M. C. **Memória**. Porto Alegre: Artmed, 2011.

É o melhor livro sobre memória com o qual já tive contato. O leitor que deseja aprofundar seus conhecimentos sobre todos os tipos de memória poderá beneficiar-se dos conteúdos abordados e apresentados com uma linguagem simples e acessível.

FERNANDEZ, A.; GOLDBERG, E.; MICHELON, P. **The Sharp Brains Guide to Brain Fitness**: How to Optimize Brain Health and Performance at Any Age. New York: SharpBrains, Inc., 2013.

Essa obra, escrita na língua inglesa, trata dos mais recentes avanços das pesquisas sobre o cérebro. Compõe-se de teorias simples e de entrevistas com cientistas renomados, abrangendo diversos assuntos.

FLOR, D.; CARVALHO, T. A. P. de. **Neurociência para educador**: coletânea de subsídios para "alfabetização neurocientífica". São Paulo: Baraúna, 2011.

Esse livro traz uma ótima abordagem sobre o estudo da neurociência, enfocando o ponto de vista do educador. Ressalta de várias maneiras a importância da neurociência na educação.

JENSEN, E. **Enriqueça o cérebro**. Porto Alegre: Artmed, 2011.

Apesar de não ter sido mencionado nesta obra, o livro *Enriqueça o cérebro* serve de referência para pensar sobre o cérebro e sua plasticidade, visto que abrange conceitos teóricos e fornece possibilidades de intervenção para facilitar a aprendizagem de pessoas com dificuldades específicas.

PANTANO, T.; ZORZI, J. L. (Org.). **Neurociência aplicada à aprendizagem**. São José dos Campos: Pulso, 2009.

É um livro mais denso, que trata, com imensa propriedade, da relação entre neurociência e educação.

# Respostas

## Capítulo 1

Atividades de autoavaliação

1. a
2. b
3. a
4. d
5. b
6. b
7. d

## Capítulo 2

Atividades de autoavaliação

1. b
2. d
3. c
4. b
5. d

## Capítulo 3

Atividades de autoavaliação

1. d
2. c, d
3. a
4. c
5. b

## Capítulo 4

Atividades de autoavaliação

1. c
2. b
3. a
4. d
5. b

## Capítulo 5

Atividades de autoavaliação

1. V, V, V, F, V, V, V, F, F, V, F, V

## Capítulo 6

Atividades de autoavaliação

1. a
2. d
3. d
4. c
5. b

## Capítulo 7

Atividades de autoavaliação

1. c
2. b
3. a, c, d
4. d
5. b

# Sobre a autora

**Maria Gabriela Ramos Ferreira** é formada em Psicologia pela Universidade Federal do Paraná – UFPR (1992) e mestre em Saúde e Meio Ambiente pela Universidade da Região de Joinville (Univille). Tem titulação como Especialista em Neuropsicologia pelo Conselho Federal de Psicologia (CFP).

Atua na área de avaliação e reabilitação neuropsicológica em consultório privado. As avaliações neuropsicológicas atendem aos públicos infantil, adolescente, adulto e idoso. Em reabilitação neuropsicológica, atua principalmente com demências, lesões adquiridas – acidente vascular cerebral (AVC) e traumatismo cranioencefálico (TCE) – e transtorno de déficit de atenção e hiperatividade (TDAH).

É docente do Departamento de Psicologia da Universidade da Região de Joinville. Atualmente ministra as disciplinas de Neuroanatomia e Fenômenos e Processos Básicos em Psicologia.

Impressão:
Julho/2018